Ela Madreiter

In 20 bunten Kunstprojekten um die Welt

Die Autorin

Ela Madreiter studierte Architektur und gründete nach mehreren Jahren Berufspraxis das Kinderatelier „ES KLAPPT“ in Baden bei Wien.

Gedruckt auf umweltbewusst gefertigtem, chlorfrei gebleichtem und alterungsbeständigem Papier.

1. Auflage 2017

Fotos: Ela Madreiter und Fotolia.de - siehe Fotonachweise am Ende des Buches
Satz: Satzpunkt Ursula Ewert GmbH

ISBN: 987-3-403-20034-5

www.persen.de

Inhaltsverzeichnis

1 Vorwort

„Die Kunst vereinigt alle Welt, wie viel mehr wahre Künstler."
Ludwig van Beethoven

Schon als Kind war Zeichnen und Malen meine allererste und liebste Ausdrucksform.
Ich wuchs in Kalisz, einer Stadt in Zentralpolen, auf. Jedes Wochenende und meine Schulferien verbrachte ich bei meinen Großeltern auf dem Land. Es war eine wunderbare, erfüllte Zeit in der Natur, aber ... ich sehnte mich auch oft nach weiteren Reisen, die jedoch nur „im Kopf" möglich waren. Schon damals träumte ich davon, einmal einen Beruf zu haben, den man überall auf der Welt ausüben könnte.
Nach meinem Architekturstudium und mehreren Jahren Berufspraxis gründete ich in Baden bei Wien das Kinderatelier ES KLAPPT. Hier „reise" ich gemeinsam mit vielen Kindern durch die Welt der Kunst, Epochen, Stile – und auch Länder.

Nicht nur in Museen gezeigte, allgemein anerkannte „große" Kunst ist eine solche Reise wert. Auch eine von unverwechselbaren Landschaften umrahmte Bebauung, Volkskunst, Musik, Traditionen oder einfach der Alltag der Bewohner schaffen „das typische" Bild eines Ortes.
Wenn die Schüler[1] auf eine Kunstreise gehen, werden zahlreiche Kompetenzen fast „nebenbei" erlernt. Eine von ihnen ist besonders zukunftsorientiert: Respekt. Und zwar Respekt für die eigene und für fremde Kulturen als der sichtbare Ausdruck der schönen Seite des menschlichen Tuns.

Über die in diesem Buch präsentierten und in meinem Kinderatelier erprobten 20 Themen stelle ich fächerübergreifende, zu Gesprächen und erweiternden Projekten aller Art anregende Ideen vor. Abwechslungsreiche, kindgerechte und gleichzeitig anspruchsvolle Techniken, teils kurze, teils etwas zeitaufwendigere Projekte, ermöglichen es, einige sogar weit entfernte Orte zu besuchen, ohne dabei den Klassenraum verlassen zu müssen!

Altersstufe

Die hier vorgestellten Projekte eignen sich insbesondere für Kinder der 1. bis 4. Klasse, da ein ganzheitlicher Zugang zum jeweiligen Thema gewährt wird. Auch jüngere Kinder finden hier passende und spannende Bereiche, allerdings empfehle ich für sie eher kürzere Projekte oder mehrere Spiel-Pausen zwischen den einzelnen Arbeitsschritten, um die Ausdauer und Aufmerksamkeit der jüngsten Künstler nicht übermäßig zu strapazieren.

Themen

Die Auswahl der vorgestellten Kunst-Destinationen sehe ich nur als Anfang, den Ausschnitt einer Weltreise, als Inspiration für den Besuch weiterer Orte, die man durch eigenes Gestalten auf eine ganz besondere Art kennenlernen kann.
Durch keine noch so umfangreiche Publikation lassen sich alle interessanten Orte vorstellen. Schließlich *„entsteht Kunst im Auge des Betrachters"* und jede Auswahl ist und bleibt immer subjektiv.
Die Themen sind durch besondere Interessen meiner „Atelier-Kinder" z. B. an Paris oder Ägypten inspiriert, teils durch aktuelle Ereignisse wie die Eröffnung des Beethovenmuseums in Baden oder durch besondere Feste im Jahreskreis wie die *Kirschblüte* oder *Weihnachten* geprägt.
Auch die Wahl der gestalterischen „Visitenkarte" eines Landes ist als Appetizer zu sehen und soll das Interesse am jeweiligen Ort wecken und im besten Fall zum Weiterstudieren oder zur „echten" Reise anregen. Ganz absichtlich stelle ich hier oft klischeehafte Motive vor, die jedoch bewusst unkonventionell umgesetzt den Kindern gut in Erinnerung bleiben, sie freuen und stolz auf ihre Ergebnisse machen.

---

[1] Wir sprechen hier wegen der besseren Lesbarkeit von Schülern bzw. Lehrern in der verallgemeinernden Form. Selbstverständlich sind auch alle Schülerinnen und Lehrerinnen gemeint.

Techniken

Mit einer breiten Palette an Techniken wie Zeichnung, Malerei, Druck oder Collage werden die hier vorgestellten Arbeiten nicht nur als Bilder, sondern vielmehr auch als dreidimensionale Objekte gestaltet. Manches Werk lässt sich als praktischer Gegenstand, originelles Geschenk oder jahreszeitbezogene Dekoration nutzen.
Allen Projekten gemeinsam ist die abwechslungsreiche Mischtechnik, die Kindern viele neue Ausdrucksmöglichkeiten eröffnet und bereits bekannte Techniken auffrischt.
Die gezielte Anwendung mancher Techniken wie z. B. Malen mit Tee beim *Sakura*-Japan Projekt oder Kratzen/Sgraffito beim Wolkenkratzer-NYC-Projekt erleichtert die Vermittlung schwierigerer Begriffe wie Tee-Zeremonie oder Wolkenkratzer. Durch Verwendung ungewohnter Materialien wie z. B. das Malen mit Kerzenstümpfen ist auch ein aufwendigeres Projekt für Kinder überraschend und somit leichter umzusetzen.

Das Spiel mit Material und Technik bringt oft unerwartete Ergebnisse und aktiviert bzw. begeistert auch ansonsten nicht besonders gerne gestaltende Kinder.
Als grobe Orientierungshilfe wurde bei jedem Projekt der Zeitbedarf für die Gestaltungsphase (ohne Vorbereitung/ Besprechung der fertigen Arbeiten) angedeutet. Alle Projekte wurden mehrfach im kleingruppigen Atelierbetrieb erprobt.
Ich empfehle, auch unbedingt auf die Hilfe der Kinder beim oft turbulenten kreativen Ablauf zurückzugreifen – Kinder sind nicht nur gerne selbst Künstler, sondern spielen auch gerne „Kunst-Assistenten"!

Wichtig ist Ihre Einstellung als Lehrer gegenüber möglichen „Arbeitsfehlern". Rasches, oft unkonventionelles „Retten" oder „Sehen" der Arbeit kann mit sich mehr Qualitäten bringen als die reine Realisierung unserer fixen Zielvorstellung. Seien Sie flexibel: Für manche Kinder sind Korrekturen eine Hilfe, andere sehen es als Freiheitseinschränkung. Und schließlich, wie Picasso zu sagen pflegte: *„Wenn es nur eine Wahrheit [der Kunst] gäbe, könnte man nicht hundert Bilder über dasselbe Thema malen."*

Material

Die Mischtechnik benötigt Materialien aus dem Künstlerbedarf, aber auch aus der Natur, dem Alltag und ... dem Abfallkorb.

Bei der Anschaffung der Farben (Tempera, Acryl oder Aquarell) lohnt es sich, nur die drei Grundfarben sowie Weiß, Schwarz und Gold in großen Flaschen bzw. Tuben zu besorgen. Und das nicht nur aus wirtschaftlichen oder Platzgründen. Vielmehr macht das Mischen der neuen, individuellen Farbtöne den Kindern eine große Freude und bringt durchs Tun den Farbkreis näher, ohne mit zu viel Theorie zu überfordern.

Eine umfangreichere Farbtonpalette ist wiederum bei den Wachs-, Öl- und Softpastellkreiden zu empfehlen. Bei den Projekten, bei denen alternativ Öl- oder Wachskreide verwendet werden kann, würde ich lieber auf die Ölkreiden zurückgreifen, da ihre Leuchtkraft besser ist und die geschmeidige Konsistenz eine leichtere Anwendung ermöglicht. Die kindliche Hand ermüdet dann nicht so rasch.
Bei Übermalungen der öligen Oberflächen und um den besonders intensiven, tiefen Farbton auch bei den anderen Anwendungen zu erreichen, ist es ratsam, unverdünnte Maltuschen und Tinten zur Verfügung zu stellen.

Der kreative Umgang mit Abfallmaterial wie z. B. Zeitungspapier oder diversen Verpackungen bezieht auch Umweltaspekte ins Gestalten mit ein.

Besonders schön ist es, Naturmaterial anzuschaffen. Ein Spaziergang, eine Wanderung oder ein Besuch des Schulgartens können dafür ein guter Anlass sein.

Als Malgrund eignet sich nicht nur das übliche Mal- und Zeichenpapier.
Pappflächen und Schuhkartondeckel, aber auch Holzplatten, altes Geschirr oder Gegenstände aus Ton bieten Abwechslung und erweitern die gestalterischen Möglichkeiten um materialtypische Eigenschaften wie die Oberflächenstruktur oder den Farbton.

Kunstwerke

Zu Beginn jedes Projektes verweise ich auf Werke diverser Künstler, die Sie zur Einstimmung in das Thema nutzen können.

Musikbegleitung

Zu jedem Projekt schlage ich Ihnen eine passende Musikbegleitung vor, die das jeweilige Thema betont und um zusätzliche ortspezifische Aspekte bereichert. Musik versetzt Kinder in eine neue Wirklichkeit, das Projekt lässt sich dadurch viel konzentrierter umsetzen. Wenn manche Aufgabenstellung auf Kinder anfänglich fremd oder hemmend wirkt, hilft dabei gerade Musik, sich das Thema auf einem anderen Weg viel entspannter anzueignen und ihm einen persönlichen Ausdruck zu geben.

Gutes Gelingen und eine bildhübsche Reise mit dem Malkoffer um die Welt wünscht Ihnen

Ela Madreiter

Danksagung

Danke an meine jungen multikulturellen Künstler, die mich mit ihrer Freude am Gestalten, Neugier und Ausdauer seit Jahren auf der Kunstreise begleiten und ihren Familien, die mir Ihre Kinder mit Offenheit anvertrauen und an die Kreativität ihrer Kinder glauben. Ebenso geht mein Dank an meine Kinder, die mich jeden Tag inspirieren, meinen Mann für seine Anregungen, Hilfe, Kraft und Humor und an meine Großeltern, die mir genug Spielraum für meine kindliche Fantasie gegeben haben.

2 Baden? Brüssel? Überall! (Collage)

Hintergrundinformation

Ludwig van Beethoven verbrachte mehrere Sommer in der kleinen Kurstadt Baden bei Wien und arbeitete dort u. a. an seiner 9. Symphonie mit der berühmten *„Ode an die Freude“*.
Die Instrumentalfassung dieses Stückes kennen wir auch als Europahymne. Am Schaffensort von Beethovens 9. Symphonie ist heute ein stimmungsvolles Museum eingerichtet, das Beethovenhaus Baden, auch „Haus der Neunten“ genannt.
In Baden bei Wien befindet sich auch mein kleines Kinderatelier. Um Kindern einen Stil oder ein Thema näherzubringen, gehen wir oft ungewöhnliche Wege – wie in unserem ersten *surrealen* Projekt, in dem sich der Komponist Ludwig van Beethoven und der Maler René Magritte treffen.
In Wirklichkeit wäre das nicht möglich (Beethoven starb, noch bevor Magritte auf die Welt kam), in der Kunst aber schon!

Magritte lebte in Brüssel. Seine Bildsprache gehört zum Surrealismus, einem Kunststil, der meist vertraute Elemente aus der realen Welt auf neue, überraschende, unwirkliche Weise kombiniert. So sieht man in seinem Bild *„Tag und Nacht“* beide Tageszeiten harmonisch zusammen dargestellt, als wäre das das natürlichste Phänomen der Welt. In *„Golconda“* wiederum regnet es in einer Stadt. Aber die Regentropfen bestehen aus vielen unterschiedlich großen Darstellungen gleich gekleideter, anonymer Männer. Auch Magritte selbst trug ein ähnliches Gewand und hielt sich als „einer unter vielen“.

KUNST-TIPP

René Magritte: „Tag und Nacht“, „Golconda“

Projekt „9. oder ich habe Beethoven gesehen“: Collage

In dieser ersten Arbeit verbinden sich neben Tag und Nacht auch die uns immer begleitenden Inspirationsquellen bildende Kunst und Musik. Die neunfache Darstellung Beethovens nach Magrittes Bild *„Golconda“* steht für Beethovens Neunte Symphonie. Die neun Beethovenmotive aus dem Alltag zeigen, dass sogar ein berühmter Künstler „einer unter uns vielen ist“.
Sie können dieses Projekt natürlich auch mit einem berühmten Bauwerk Ihres Heimatortes durchführen.

ZEITBEDARF

1–2 Unterrichtsstunden

MATERIAL

- Farbige Fotokopie „Beethovenhaus Baden“ (bzw. berühmtes Gebäude Ihrer Stadt; DIN A4, Querformat)
- 9 × schwarz-weiße Fotokopie „Beethoven“
- Tonpapier DIN A4 in schwarz und hellblau
- weiße Temperafarbe
- Öl-Pastellkreiden
- Wattestäbchen bzw. feiner Pinsel
- Packpapierreste
- Bleistift
- Klebeband
- Klebstoff
- Schere
- Pinsel mittlerer Größe
- Toilettenpapier

Lernziele der Schüler

- René Magrittes surrealistische Bildsprache kennenlernen und anwenden
- den Alltag eines Komponisten der ernsten Musik humorvoll und zeitgemäß darstellen
- die Collagetechnik kennenlernen
- die Zahl „9“ durch neunfache Beethoven-Darstellung verinnerlichen
- einen Text illustrieren
- Konzentration: Nachempfinden der Arbeit eines Dirigenten oder eines Orchestermusikers durch unmittelbare Ausführung der Aufgabe gestalterisch umsetzen
- Gruppenarbeit/Arbeitsrhythmus-Anpassung/Rücksichtnahme auf alle „Mal-Orchester“-Mitglieder

Arbeitsablauf

1. Vorbereitung: Beethovens Kurzbiografie kennenlernen, „Ode an die Freude“ (für Orchester und Chor) anhören, eventuell Motiv nachsummen. Text der ersten Strophe vorlesen und erklären.
   Optional: Den Malstil von René Magritte anhand von Abbildungen kennenlernen, auf surrealistische Elemente untersuchen. Bilder „Golconda“ und „Tag und Nacht“ genauer betrachten und als Inspirationsquelle für das Projekt vorstellen.

   Das Gedicht „9. oder ich habe Beethoven gesehen“ vorlesen (s. nebenstehend).

9. oder ich habe Beethoven gesehen

„Psst ... Ich habe Beethoven gesehen.“
In Baden. Und dazu – 9-mal:
beim
Fliegen,
Liegen,
auf dem Kopf stehen,
mit Hut,
mit Apfel,
und mit Schal,
mit Regenschirm,
mit Einkaufstasche,
mit Luftballon samt roter Masche.
Oder vielleicht sah ich ihn nie?
Und „9“ meint nur die „Symphonie“?

Ela Madreiter

2. Beide DIN-A4-Tonpapierblätter (blau und schwarz) mit Klebeband zu DIN A3 sorgfältig verbinden. Das zweifarbige DIN A3 im Hochformat (mit schwarzer Hälfte oben) auflegen und wenden (Klebestreifen auf der Rückseite). Das Beethovenhaus mit Nebenhäusern aus der Fotokopie ausschneiden und auf das DIN A3 so ankleben, dass die Stoßlinie verdeckt ist. Alle Beethoven-Figuren aus der Schwarz-Weiß-Kopie ausschneiden und auf der Seite zusammenlegen.

3. Mit Wattestäbchen weiße Punkte (Temperafarbe) auf den schwarzen Himmel auftupfen, eventuell Zacken ausformen (Farbe von der weißen Mitte nach außen ziehen). Auf den blauen Himmel weiße Wolken malen bzw. mit einem zerknüllten Stück Toilettenpapier auftupfen.

4. Dirigentenspiel: Lehrkraft („Dirigent") liest aus dem „9."-Gedicht jeweils einen Vers, z. B. „beim Fliegen". Kinder („Musiker") nehmen eine Beethoven-Figur, kleben sie am Malgrund an und ergänzen sie mit passenden Attributen (z. B. Flügel) mittels Ölkreiden. Die Ausführung soll möglichst zügig verlaufen. Erst wenn alle fertig sind, wird der nächste Vers gelesen. Der Vorgang wiederholt sich mit Ausnahme des Verses „mit Einkaufstasche" – hier wird eine Tasche aus Packpapierresten ausgeschnitten, eventuell mit Werbesprüchen beschriftet – und mit weiterer Beethoven-Figur in die Bild-Komposition integriert.

5. Alle Bilder nebeneinander aufstellen, mit *„Ode"*-Musikbegleitung gemeinsam ansehen und die einzelnen gestalterischen Lösungen vergleichen.

Tipps

- Mit einem eigenen Behälter für Papierfiguren vermeidet man, dass beim zügigen Arbeitsvorgang kleine Teile verloren gehen.
- Die Arbeit soll man unbedingt, nicht nur aus ästhetischen Gründen, einrahmen: Die weiche Ölpastellkreide-Schicht kann sonst leicht beschädigt, zerkratzt oder verwischt werden.

MUSIK-TIPP

Ludwig van Beethoven: „9. Symphonie – Vierter Satz/Ode an die Freude"

Rathhaus-
Gasse
Beethoven
Haus

3 Ägypten: Glas-Laterne

Hintergrundinformation

Paul Klee, einer der bedeutendsten Künstler der modernen Malerei, stammte aus der Schweiz. Dort, im Berner Oberland, steht der über 2000 m hohe Berg Niesen, dessen Form einer Pyramide ähnelt. Diesen Berg findet man auch auf einem Aquarell von Paul Klee. *„Der Niesen – Ägyptische Nacht“* heißt dieses einzigartige Doppelbild, auf dem gleichzeitig der Berg als Pyramide und die Pyramide als Berg dargestellt ist.

Das Werk entstand nach einer Nordafrika-Reise, die Paul Klee allerdings 1914 mit seinen Malfreunden nicht nach Ägypten, sondern nach Tunesien führte. Das Gesehene und das Geträumte, Erinnerung und Wirklichkeit sind in diesem Bild unter einem gemeinsamen Himmel vereint.

Erst einige Jahre später reiste Klee nochmals nach Nordafrika, diesmal nach Ägypten. Überwältigt von Licht, Landschaft und Denkmälern, übersetzte er seine Eindrücke in abstrakte Kompositionen. Klee, der auch ein begabter Musiker war, schuf seine poetischen, oft humorvollen Bilder aus einfachen geometrischen Formen, die in einem bestimmten Farbrhythmus miteinander harmonieren.

KUNST-TIPP

Paul Klee „Der Niesen – Ägyptische Nacht“

Projekt „Die ägyptische Nacht": Glas-Laterne

Diese stimmungsvolle Laterne ist ein passender Begleiter beim Vorlesen einer Gute-Nacht-Geschichte und lädt zum Traum-Reisen über die Sahara-Wüste ein.

ZEITBEDARF

1 Unterrichtsstunde

MATERIAL

- leeres Marmeladenglas ohne Deckel (1 l)
- transparent trocknender Klebstoff
- Pinsel
- Seiden- und Krepppapier in verschiedenen Farben
- Schere
- (Spiel-)Sand
- Teelicht (eventuell LED)
- eventuell Papierstreifen (Manschette) mit aufgedrucktem Titel/Signatur

Lernziele der Schüler

- eine ägyptische Landschaft mit Pyramide aus einfachen geometrischen Formen aufbauen
- mit warmen und kalten Farben Tiefenwirkung erzeugen
- Farbenmischen mit Überlappungstechnik
- Farbveränderung dank Licht erfahren

Der Berg Niesen

Pyramide

Arbeitsablauf

1. Vorbereitung: Abbildungen vom Berg Niesen in der Schweiz ansehen: Woran erinnert uns die Form des Berges?
   Optional:
   Das Bild von Paul Klee mit Abbildungen von Pyramiden vergleichen, diverse Werke Paul Klees von seinen Reisen nach Tunesien (1914) und Ägypten (1928/29) ansehen und analysieren. Kalte und warme Farben sowie helle und dunkle Bereiche in den Bildern erkennen.
   Mit welchen geometrischen Formen wurden die Bilder aufgebaut?

2. Aus Seiden- oder Krepppapier ein Dreieck für die Pyramide (Hauptteil der Komposition) ausschneiden. Eventuell zusätzliche, kleinere Dreiecke (weitere Pyramiden) in anderen Farben ausschneiden. Zusätzliche Formen (Quadrate, Rechtecke) für vereinfachte Häuser bzw. Bäume ausschneiden. Die Größe der Dreiecke am Glas anprobieren, eventuell korrigieren. Die gesamte Komposition zuerst am Tisch austesten.
   Die Elemente sollen etwas überlappend angeordnet sein – somit kann man später interessante Farbmischungen und Helligkeitsstufen am durchsichtigen Glas erzielen.
   Die Glasoberfläche mit Klebstoff benetzen und darauf die ausgeschnittenen Formen aus Seiden- oder Krepppapier auflegen und andrücken. Die überlappenden Bereiche vorsichtig mit Klebstoff verbinden und andrücken.

3. Eventuell eine Papier-Manschette mit dem Titel der Arbeit und Signatur am Glashals aufkleben. Glas mit Sand ca. 1–2 cm hoch befüllen. Ein Teelicht in die Sandmitte stellen, anzünden oder gegen eine Lichtquelle (Fenster, Lampe) halten und die Wirkung der Farben und deren Mischung erfahren.

Tipps

- Unser Auge sieht zuerst warme, helle Töne. Wenn man in der Komposition auch kalte Farben verwendet und sie für weiter hinten gelegene Objekte/Bereiche auswählt, wird die räumliche Wirkung gesteigert (Vordergrund warm/ Hintergrund kalt).
- Seiden- oder Krepppapier ist sehr zart, beim direkten Klebstoff-Auftrag kann es leicht reißen. Darum anstelle des Papiers die zu beklebende Glas-Oberfläche mit Klebstoff benetzen.
- Die Laternen mit angezündeten Teelichtern nur unter der Anwesenheit der Erwachsenen aufstellen. Ersatzweise LED-Teelichter verwenden.

MUSIK-TIPP

Anouar Brahem:
„Le Voyage de Sahar"

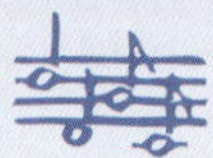

4 Ägypten: Malerei auf Ton

Hintergrundinformation

Der Glauben an das Leben nach dem Tod prägte die ägyptische Kunst und zahlreiche Rituale.
Die Grabkammern der Ägypter und insbesondere die Pyramiden, die Grabstätten der Pharaone, erzählen noch nach Jahrtausenden über den damaligen Totenkult. Für das Leben im Jenseits sorgte man mit der Mumifizierung der Verstorbenen, aber auch mit reichlichen Beigaben und der Verzierung der Särge und Grabkammerwände.
Die Grab-Wandmalereien stellen meist Szenen aus dem Leben des Grabinhabers, Götter, dem ägyptischen Alltag oder Rituale dar. Es wurden dafür Erd- (z. B. Ocker, Rötel) und Mineralfarben (z. B. Lapislazuli, Malachit) verwendet. Manche Farben wie „Ägyptisch Blau" oder „Ägyptisch Grün" schuf man sogar durch chemische Reaktionen.
Neben den kräftigen Farben und den Bildbeschreibungen mit Hieroglyphen fällt uns beim Betrachten solcher Wandbilder die etwas steife, flach angelegte Komposition auf, die insbesondere in der Darstellung der Menschen deutlich wird. Der menschliche Körper wird dabei fast ausnahmslos aus einem kombinierten Blickwinkel gezeigt: Kopf und Beine im Profil, Auge und Oberkörper aber in Vorderansicht. Bedeutende Personen wurden in einer Szene größer als die anderen dargestellt.
Diese Darstellungen erzählen uns auch von altägyptischen Schönheitsvorstellungen. Frisur (Perücke), Gewand, Schminke, Schmuck und Körperpflege bedeuteten den Ägyptern sehr viel, um die Vergänglichkeit des Lebens zu mildern und den Gesellschaftsstaus zu zeigen. Immerhin waren Pyramiden nicht nur imposante Bauwerke für Pharaonen, sondern auch ein Symbol der streng nach Rang geordneten ägyptischen Bevölkerung.

Projekt „Ägyptisches Selbstporträt": Malerei auf Ton

Das Malen eines Selbstporträts als alter Ägypter verbindet in sich Gegenwart und Vergangenheit, alte und neue Materialien und Farbtöne. Auf einem alten Tonmalgrund entsteht ein neues Selbstporträt nach altägyptischen Regeln.

ZEITBEDARF

1–2 Unterrichtsstunden

MATERIAL

- Malgrund aus Ton *(siehe Tipps)*
- Schwarz-Weiß-Kopie der Kinderfotos (Kopf und Schulter im Profil)
- Acrylfarben (Grundfarben und Weiß, Schwarz, Gold)
- Pinsel div. Größen
- Bleistift
- schwarze und bunte Filzstifte
- Klebstoff
- Schere
- Zahnstocher
- eventuell weiße Papierreste
- Hieroglyphen-Vorlagen

Lernziele der Schüler

- ein modern bzw. historisch anmutendes Selbstporträt nach alten ägyptischen Porträt-Regeln gestalten (Kombination: Profil plus Vorderansicht)
- charakteristische ägyptische Muster und Attribute verwenden und neu interpretieren
- Komposition flach ausarbeiten (Verzicht auf Perspektive)
- alten, ausrangierten Ton-Malgrund als Zeitspur nutzen
- mit Grundfarben malen
- Hieroglyphen (Zeichenschrift) in das Bild einbeziehen

Arbeitsablauf

1. *Vorbereitung (optional): Darstellungen ägyptischer Wandmalereien mit Schwerpunkt „Menschen-Darstellung" ansehen und analysieren. Den Schönheitskanon der alten Ägypter (Körperpflege, Kleidung, Frisur) besprechen, religiöse und klimabedingte Aspekte betonen. Die typische Porträt-Pose (Kombination Profil und en face) als Körperhaltung probieren – ist sie in Wirklichkeit möglich/bequem?*

2. Von den Fotokopien der Fotos der Schüler den Hintergrund und Schulterbereich wegschneiden (eventuell Hals und Haare belassen). Die Fotokopie so auf den Ton-Malgrund kleben, dass zum unteren Rand etwas Platz zum Malen der Schulter bleibt.

3. Mit Bleistift das Porträt ergänzen: Schulter, Auge, Gewand in Vorderansicht; Kopfbedeckung, Frisur (seitlich) sowie Schmuck andeuten.

4. Mit Mischungen aus den Grundfarben plus Weiß und Schwarz das Porträt ausmalen. Dabei mit den großen Flächen (größerer Pinsel) beginnen. Für die „Hautfarbe" Weiß mit ganz wenig Rot mischen, etwas Gelb dazugeben.
   - Mit Farbauftrag (deckend/lasierend) experimentieren: auf die getrocknete Schicht aus deckender Farbe eine verdünnte Schicht (wie ein Schleier oder dünner Stoff) auftragen. Das Auge in Vorderansicht entweder direkt auf der Fotokopie anmalen oder (zur Sicherheit) auf einem weißen Papierest anmalen (z. B. mit Filzstift), ausschneiden und auf die Fotokopie kleben.
   - Details mit feinem Pinsel nachträglich hinzufügen bzw. mit Holzende des Pinsels in der noch frischen Farbe auskratzen. Besonders feine Details aus Punkten oder Strichen mit Zahnstocherspitze auftragen bzw. auf die schon getrockneten Farbschichten mit Filzstift malen. Mit Goldfarbe das Bild verfeinern. Darauf achten, dass der ursprüngliche Ton-Malgrund nicht vollständig übermalt ist, sondern einen sichtbaren Hintergrund der Malerei bildet.

5. Anhand der Hieroglyphen den eigenen Namen oder den ersten Buchstaben des Vornamens mit schwarzem Filzstift malen.

6. Präsentation: Alle Arbeiten in dreieckigem Umriss als flache Pyramide auf dem Boden auslegen.

Tipps

- Der Tonmalgrund für dieses Projekt soll idealerweise Altersspuren vorweisen. In Frage kommen dafür: alte Ziegel, Dachbodenziegel (wie auf Fotos), Dachschindel, Cotto-Fliesen, ausrangierte Blumentöpfe und Untersetzer aus Ton, alte Arbeitsproben aus der Keramikwerkstatt. Patina und abgeschlagene Kanten tun dem Bild sehr gut und stehen im Kontrast zur neuen, kräftigen Malerei.
- Die Verwendung alter Filzstifte hinterlässt alt anmutende Spuren (eventuell die Spitzen ganz kurz ins Wasser tauchen, verblasste Farbtöne sind erwünscht).
- Die Größe der Fotokopie an die Größe des Malgrundes anpassen: Die Kopfgröße soll ca. 1/4 der Malgrundhöhe betragen.
- Soll das Porträt moderner wirken, ist es empfehlenswert, die Schwarz-Weiß-Fotokopie nicht zu übermalen, sondern nur zu ergänzen, damit die Grenze zwischen Alt und Neu deutlich bleibt.

MUSIKBEGLEITUNG

modern: Anouar Brahem: „Le Voyage de Sahar" (Album), Natacha Atlas (div. Lieder)
traditionell: Baladi (ägyptischer Tanz – div. Interpreten)

A	B	C	oder	D	E	oder	oder
F	G	H	I	J	K	L	M
N	O	P	Q	R	S	T	U
V	W	X	oder	Y	oder	Z	SH

Hieroglyphen

Japan: Seidenpapier-Collage

Hintergrundinformation

Die alte und reiche Kultur Japans kann man u.a. in vielen noch heute gepflegten Traditionen ablesen. Diese sind oft ein Anlass, den *Kimono*, ein T-förmiges Kleidungsstück mit breitem Gürtel *(Obi)*, zu tragen. Der Kimono wird um den Körper gewickelt und mit einem Obi gehalten.

Frauenkimonos bestehen aus vielen Teilen, sind gleich groß und werden durch Falten und Klemmen an die Körpergröße angepasst. Der Seidenstoff kann je nach Verwendungsart und Familienstand reichlich gemustert oder gefärbt sein. Der meist vier Meter lange Obi-Gürtel aus edlen Stoffen ist immer auf die Kimonofarben und Jahreszeiten abgestimmt. Er ist auffallend, aufwendig und kostbar z.B. mit glänzenden Stickereien verziert. Männerkimonos sind wesentlich einfacher gestaltet und werden bei der Hochzeit, der Teezeremonie *(siehe das nächste Projekt)* und bei manchen Sportarten getragen.

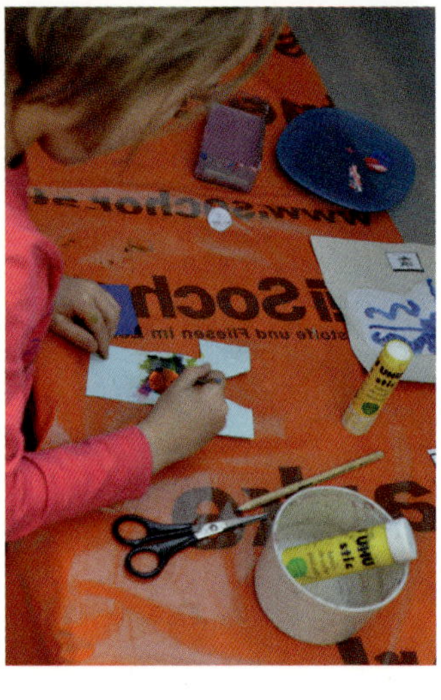

Projekt „Mein Kimono": Seidenpapier-Collage

Obwohl es nicht so einfach ist einen Kimono alleine anzuziehen (meist ist Hilfe notwendig), ziehen die Schüler in diesem Projekt wie traditionelle Japaner das „selbst genähte" festliche Kleidungsstück an. Der prachtvolle Stoff ist hier zwar nicht aus Seide, dafür aber u. a. mit Seidenpapierabdruck gestaltet.

ZEITBEDARF

1–2 Unterrichtsstunden

MATERIAL

- Schwarz-Weiß-Fotokopie vom Kindergesicht
- A4-Papierblatt und A5-Papierblatt (weiß)
- feiner Pinsel
- Seiden- bzw. Krepppapier bzw. Faltblätter in verschiedenen Farben (auch Reste)
- Schere

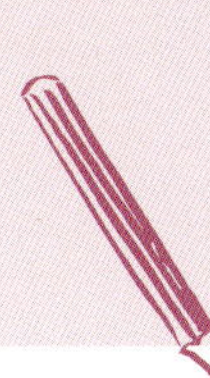

- Tempera- bzw. Acrylfarbe in Gold
- Filzstifte
- Bleistift
- Kleber
- Wasserbehälter
- eventuell T-Pappschablone (Kimono)

Lernziele der Schüler

- Kimono-Grundform kennenlernen
- menschlichen Körper und Kimono in zusammenpassenden Proportionen darstellen
- mit Seiden- bzw. Krepppapier drucken
- weitere Attribute der japanischen Trachten einbeziehen (Frisur, Schuhe, Fächer, Schirme)
- kostbar wirkenden Stoff darstellen (Anwendung von Gold, Mustern, kraftvollen Farben und Kontrasten)

Arbeitsablauf

1. *Vorbereitung (optional): Abbildungen von japanischem Kimono (ausgebreitet und auf Modell) ansehen und besprechen (Form, Ansicht der Vorder- und Rückseite, Farben, Muster, Kontraste, Oberfläche: matt/glänzend). Die Unterschiede zwischen Damen- und Herrenkimono erkennen. Die zusätzliche Ausstattung des Kimonos kennenlernen.*

2. Das Kindergesicht von der Fotokopie ausschneiden (Haare, Hals und Schulter wegschneiden) und auf ein Papierblatt (A5 im Hochformat) auflegen. Mit Bleistift einen großen Buchstaben „T" als Kimono dazu zeichnen sowie einen „V"-Ausschnitt für Halsbereich zeichnen.
   Den Kimono-Bereich leicht mit Wasser benetzen („übermalen"). Seiden- und Krepppapierteile (Streifen, geometrische Formen, Papierreste) auf das feuchte Kimono-Papier auflegen, leicht andrücken und dann auf anderer Stelle platzieren. Den Vorgang wiederholen, bis das Seiden- bzw. Krepppapier keine Farbe mehr abgibt.
   Mit anderen Farben und Formen experimentieren – es soll ein farbintensiver, kontrastreicher Stoff entstehen. Einen Kimono-Gurt *(Obi)* in passender Breite und Länge aus buntem Papier ausschneiden und am Kimono unterhalb der Ärmel ankleben. Den Kimono mit Filzstiften und Farbe in Gold verfeinern (Muster, Tupfer).
   Den Kimono sorgfältig ausschneiden und auf das A4-Blatt auflegen.
   Hinweis: Der Kimono sollte auf jeden Fall auf einem Blatt im Format A5 gestaltet und dann ausgeschnitten werden. Arbeiten die Kinder gleich auf einem A4-Blatt und schneiden nicht aus, werden die scharfen Kanten des Kleidungsstückes nicht gelingen. Das Ausschneiden ahmt auch ein wenig den Schneiderberuf nach.

3. Das Kindergesicht und den Kimono auf dem A4-Blatt mittig platzieren und aufkleben. Haare, Hände, Schuhe und eventuell weitere Attribute (Haarnadel, Schminke, Schirm, Fächer, Kopfbedeckung etc.) mit Filzstiften ergänzen. Den Kimono-Halsausschnitt ebenfalls verzieren.

Tipps

- Für jüngere Kinder ist eine Kimono-Schablone aus Pappe („T“-Form mit „V“-Ausschnitt) sehr hilfreich. Die Kinderfotos müssen allerdings in passender Größe fotokopiert sein.
- Nicht alle Seiden- bzw. Krepppapiere und Faltblätter geben ihre Farbe ab – daher immer mit einem kleinen Wassertropfen am Papierrand testen, ob auf der feuchten Stelle ein Wasserfleck entsteht (d. h. die Farbe verblasst und „wandert weiter“).

MUSIKBEGLEITUNG

Japanische Musik mit traditionellen Instrumenten, z. B. Shamisen und Koto.

Vorlage für Kimono-Schablone – T-Form mit V-Ausschnitt

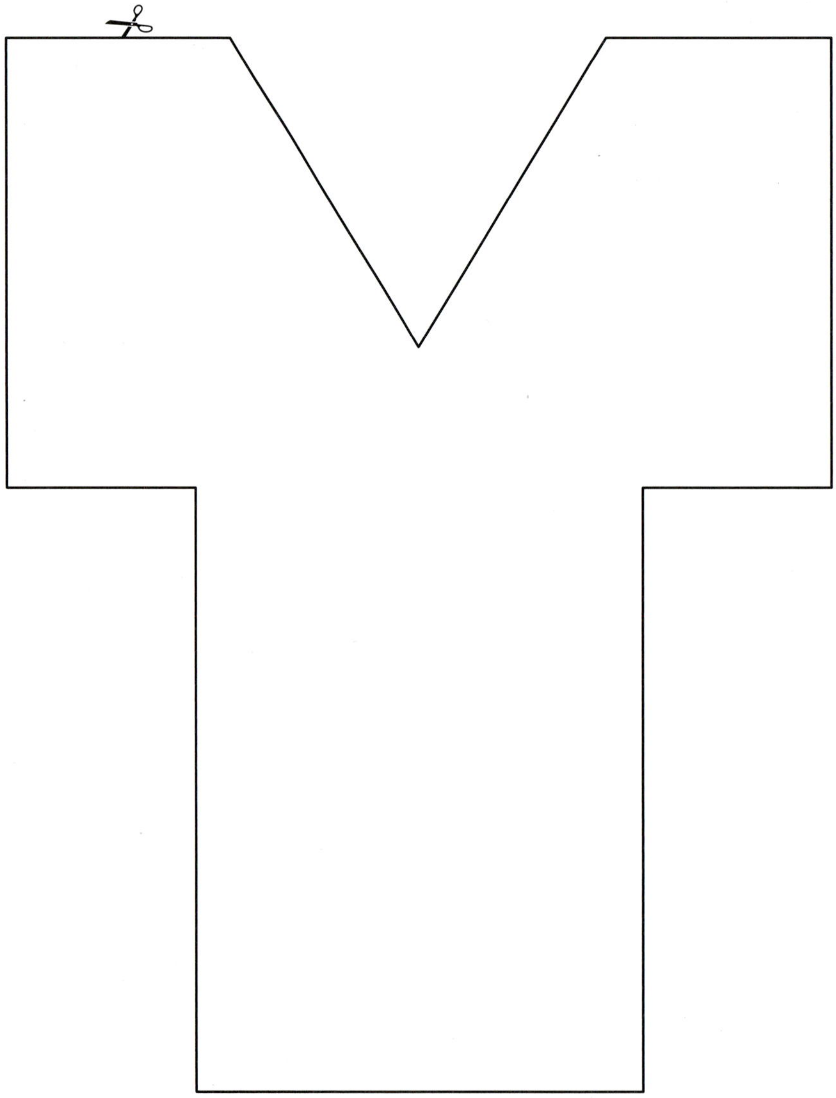

6 Japan: Ikebana in Mischtechnik

Hintergrundinformation

Die geografische Lage und Geschichte Japans beeinflussten die Entstehung vieler landestypischer Traditionen.
Die Pracht und der Duft der Kirschblüte (*Sakura*) bezaubern jeden Frühling ganz Japan. Sakura wird als ganz besonderes Fest *(Hanami)* über mehrere Tage gefeiert. In den japanischen Parks treffen sich zu dieser Zeit Familien und Freunde unter den blühenden Bäumen und picknicken gemeinsam.
Die zarte Kirschblüte ist das Sinnbild der Vergänglichkeit und der Natur, die nach dem kalten Winter wieder erwacht.
Bei der japanischen Tee-Zeremonie wird traditionell Gastfreundschaft mit klar geregeltem Ablauf gefeiert. Bevor man den vom Gastgeber zubereiteten grünen Tee *(Matcha)* gemeinsam im Kniesitz genießt, werden noch einige Rituale vollzogen, z. B. gelangen die eingeladenen Gäste über einen Pfad im Ziergarten ins Teehaus, um so den Alltag hinter sich zu lassen.
Eine weitere japanische Tradition ist *Ikebana*, die Kunst des Blumensteckens. Ursprünglich war sie nur den Männern und dem Adel vorbehalten, heutzutage wird sie überall auf der Welt, vorwiegend durch Frauen, ausgeübt. *Ikebana* verbindet Natur und Mensch. Beim Arrangieren wird auf zur Jahreszeit passendes Pflanzenmaterial, Farbe, Form und auf lineare Aspekte der Anordnung geachtet. Nicht nur die Blüte, auch die Vase, Stängel, Zweige und Blätter bilden zusammen eine harmonische Komposition.

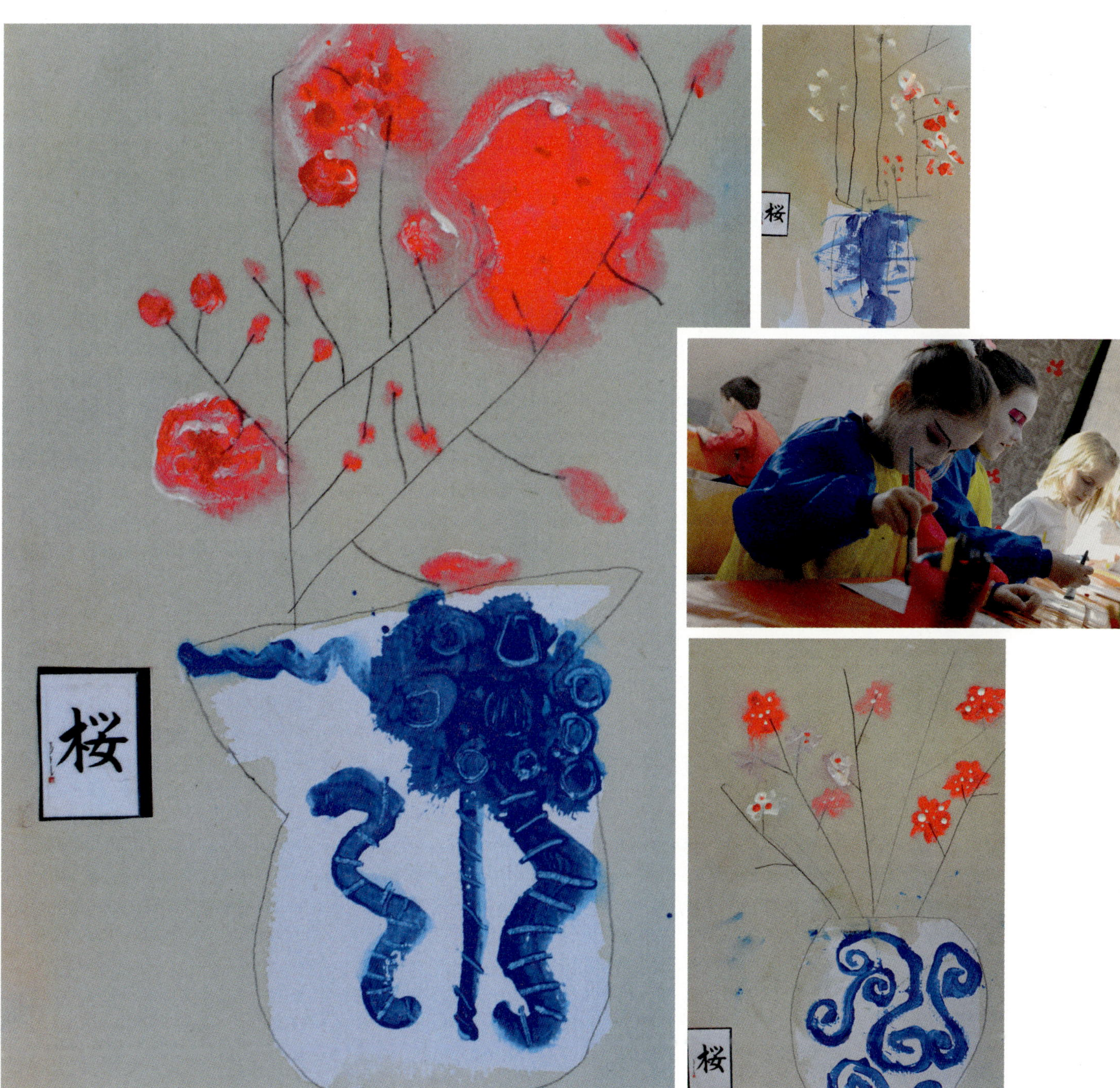

Projekt „Im Land der Kirschblüte": Ikebana in Mischtechnik

Der zarte Kirschblütenzweig aus unserem Projekt erfreut das Auge das ganze Jahr über und erinnert an japanische Traditionen wie *Ikebana* oder die Tee-Zeremonie.

ZEITBEDARF

1–2 Unterrichtsstunden

MATERIAL

- A4-Aquarellpapier
- Pinsel diverser Größen
- starker Schwarz- oder Grünteeextrakt
- Temperafarbe in Weiß, Rot und Blau
- Filzstifte

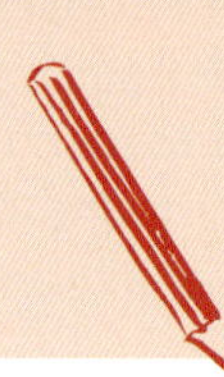

- Bleistift
- Schwarz-Weiß-Fotokopie von „Sakura"-Schrift auf Japanisch
- Klebstoff

Lernziele der Schüler

- eine harmonische Komposition aus linearen Elementen, Form und Farbe aufbauen
- einen Kirschblütenzweig darstellen
- eine asiatisch anmutende Vase mit einer Farbe in diversen Techniken gestalten (Malen, Tupfen, Kratzen)
- Farbtöne der Kirschblüte durch Zugabe von Wasser (verdünnen) und Weiß (aufhellen) ausloten
- mit Naturfarbe aus Teeextrakt gestalten (Lasieren, Aussparen)

Arbeitsablauf

1. *Vorbereitung (optional): Abbildungen japanischer Kirschblüten-Feste, Tee-Zeremonien, Ikebana und asiatischer Vasenkunst (Muster, Farben) ansehen und besprechen.*

2. Kirschblütenzweige in einem neutralen Wasserbehälter aufstellen und die Kirschblüte und den Zweig genau betrachten (Knospen, Blütenform, Struktur, Farbe, Staubgefäße). Die Teezubereitung zur Naturfarbenherstellung als einfache „Tee-Zeremonie" gemeinsam im Kreis umsetzen, die „Farbe" gegen das Licht betrachten und daran riechen.

3. Auf dem Aquarellpapier einen Vasenumriss nach eigenem Entwurf mit Bleistift aufzeichnen (noch keine Muster skizzieren!). Einen Zweig in der Vase dazuzeichnen: mit Hauptzweig(en) beginnen, danach seitliche Verästelungen ergänzen.

4. Mit der Tee-Farbe und einem größeren Pinsel den Hintergrund übermalen, dabei die Vase aussparen. Mit unterschiedlich feinen/dicken Pinseln das Vasenmuster in Blau malen und tupfen. Bei dickerem Farbauftrag kann man dabei in der frischen Farbschicht die Muster mit dem Pinselgriff-Ende wegschaben. Wenn der Hintergrund trocken ist (nicht mehr glänzt), nochmals mit Tee übermalen (Farbton intensivieren).

5. Nach dem zweiten Tee-Auftrag (das Papier sollte noch feucht sein) mit einem feinen Pinsel Kirschblüten am Zweig mit roter Temperafarbe anmalen bzw. antupfen. Eventuell etwas Wasser mit der Pinselspitze auf die Blüten geben, damit die Farbe verlaufen kann – der Farbton wirkt dadurch zarter, die Blüte wirkt weicher. Etwas Weiß hinzufügen: als helle Tupfer belassen oder mit Rot mischen, um einen rosigen Farbton zu erzielen.

6. Ein Papierschild mit „Sakura"(Kirschblüte)-Schrift auf Japanisch auf die Arbeit kleben.

Tipps

- Das Übermalen des Aquarellpapiers mit Wasserfarbe (hier: Tee) am besten an einem Rand und ruhig in eine Richtung verlaufend beginnen. „Wildes Hin-und-her-Malen“ kann die Oberfläche des saugfähigen Papiers beschädigen – es entstehen Papierklümpchen bzw. Löcher, wenn man die noch nasse Oberfläche sofort mit der nächsten Wasserfarbschicht und zu kräftigem Pinseldruck bearbeitet.
- Ein neutraler Wasserbehälter für den Kirschblütenzweig bei der Vorbereitungspräsentation (z. B. ein Konfitüre-Glas) ist empfehlenswert, um die Kinder bei ihren freien Vasen-Entwürfen nicht zu beeinflussen.
- Ältere Kinder können die Zweige auch mit einer Feder (bzw. einem feinen Pinsel) und schwarzer Tusche anstatt mit Bleistift ausführen.

MUSIKBEGLEITUNG

Japanische Musik mit traditionellen Instrumenten, z. B. Shamisen und Koto

Vorlage Sakura-Schrift

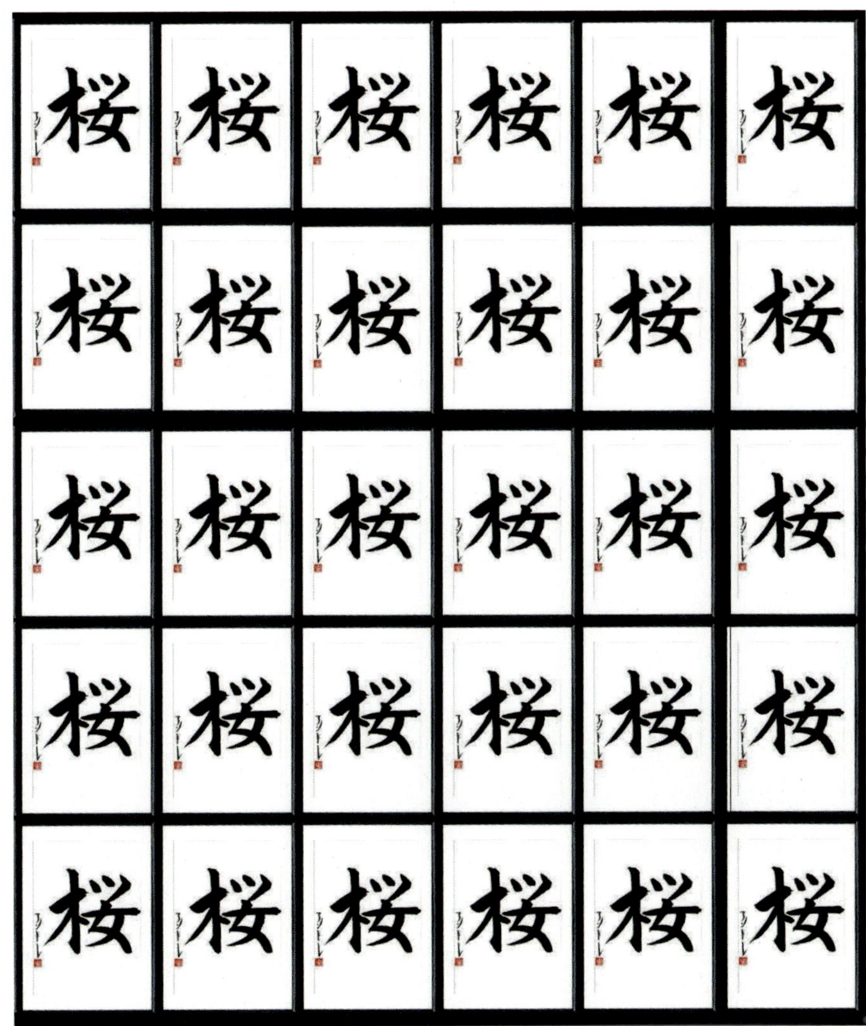

7 Italien/Venedig: Spiegelung in Mischtechnik

Hintergrundinformation

Ein Blick auf den Stadtplan zeigt: In Venedig bilden vorwiegend Wasserwege das Verkehrssystem. Im Netz der verwinkelten Gassen und schmalen, blau gekennzeichneten Kanäle kommt der große Mäander des Canale Grande besonders gut zur Geltung. An dessen schmalster Stelle befindet sich die pittoreske *Ponte di Rialto*, die älteste Brücke Venedigs.

Ein besonderes Erlebnis ist es, die Stadt vom Wasser aus zu betrachten: viele übereinanderliegende verwaschene Hausfarben, Fassaden- und Brückenverzierungen aus Stein, Spitzbogenfenster, Lichtreflexe und Spiegelungen ....

Hauptverkehrsmittel der Venezianer sind die *Vaporetto* genannten Wasserbusse. Berühmt ist Venedig jedoch für die prunkvoll eingerichteten Gondeln. Die geschickten Gondoliere, die man an ihren gestreiften Oberteilen erkennt, führen diese charakteristischen Boote im Stehen mithilfe von Riemen (langen Rudern) durch das Kanal-Labyrinth.

Venedig war seit jeher eine Inspirationsquelle für Künstler, die diese Stadt geformt und sich in ihr verewigt haben. Auch William Turner, der englische Maler, der einen großen Einfluss auf die Impressionisten hatte, besuchte Venedig und hielt das besondere Licht- und Wasserspiel in stimmungsvollen Bildern fest.

KUNST-TIPP

William Turner: „Canale Grande, Venedig“, 1835
Canaletto: „Eingang zum Canale Grande, Venedig“, 1743

Projekt „Fahrt mit Gondoliere“: Spiegelung in Mischtechnik

Die Geschichte Venedigs kann man an den vielen Farbschichten der Hausfassaden ablesen. Pastellkreide über Tempera gelegt ahmt diesen mehrschichtigen Effekt nach.
Farbflächen, die sich im Wasser der Kanäle spiegeln, mit Lichtreflexen belebt, erzielt man mit einfacher Monotypie, die viele Kinder schon mal z. B. als Abklatsch-Schmetterlinge ausprobiert haben.
Ein Gondoliere nimmt den Betrachter mit auf eine Reise durch die stimmungsvollen Wasserstraßen.
Nur ein Teil der Gondel ist sichtbar, was das Gefühl der Bewegung und des Moments betont.

ZEITBEDARF

2–3 Unterrichtsstunden

MATERIAL

- Zeichenpapier DIN A4 und DIN A5 (mind. 120 mg/m²)
- Temperafarben in Grundtönen plus Weiß und Schwarz
- großer Flachpinsel
- Rundpinsel
- Soft-Pastellkreiden
- schwarzer Filzstift (Fineliner)

- eventuell schwarze Tusche
- Natur- Strohhalme *(bzw. zarte glatte Zweige bzw. Catalpa/Trompetenbaum-Schoten)*
- Bleistift
- Radiergummi
- Schere
- Klebstoff
- Fixativ oder Haarspray

Lernziele der Schüler

- Untermalung als Bildgerüst anwenden
- Zufallseffekte der Monotypie (Schlieren, Pfützen, Verletzungen der Papieroberfläche) als gestalterischen Vorteil der alten Hausfassaden-Darstellung nutzen
- Spiegelungsregeln verstehen und in unterschiedlichen Techniken nachahmen (Monotypie, Zeichnen/Malen)
- Eigenschaften der Pastellkreide ausloten und gezielt anwenden (Malen und Verwischen, Zeichnen)
- kalte und warme Farben anwenden
- Bewegung durch Technik und Komposition andeuten
- Körperhaltung des arbeitenden Gondoliere ausprobieren und darstellen

Arbeitsablauf

1. *Vorbereitung (optional): einen Stadtplan und Abbildungen von Venedig (Kanäle, Brücken, Häuser, Fenster) betrachten und analysieren. Fotos des Canale Grande mit William Turners und Canalettos Darstellungen vergleichen. Abbildungen von einem Gondoliere ansehen und dessen Körperhaltung simulieren: Wie hält man das Gleichgewicht, wenn die Gondel schaukelt?*

2. *Spiel (optional): Zwei bis vier Kinder sind „Fahrgäste“ und setzen sich eng am Boden hin, ein weiteres Kind steht als Gondoliere mit einem Besenstiel in den Händen zwischen ihnen. Der Gondoliere geht mit geschlossenen Beinen leicht in die Hocke und bewegt sich sanft mit dem Oberkörper nach links und rechts. Gleichzeitig rudert er mit dem „Riemen“. Danach die Beine grätschen und weiterhin „rudern“. In welcher Stellung war es leichter, ein Boot zu führen? Plätze und Rollen wechseln.*
   Hinweis: Der Kimono sollte auf jeden Fall auf einem Blatt im Format A5 gestaltet und dann ausgeschnitten werden. Arbeiten die Kinder gleich auf einem A4-Blatt und schneiden nicht aus, werden die scharfen Kanten des Kleidungsstückes nicht gelingen. Das Ausschneiden ahmt auch ein wenig den Schneiderberuf nach.

3. Untermalung: Ein Papierblatt (DIN A4) zur Hälfte (DIN A5) falten und aufklappen. Die Faltlinie ist die Wasseroberkante – oberhalb dieser Linie stehen die Häuser Venedigs, unterhalb spiegeln sie sich im Wasser. Mit einem Flachpinsel drei bis vier unterschiedlich breite Farbfelder als stehende Rechtecke mit Grundfarben (Mischungen) auf der oberen Blatthälfte malen, mit Weiß eventuell aufhellen bzw. mit Schwarz trüben.
   Die Zeichnungen mit der zweiten, unbemalten Papierhälfte zudecken (zusammenklappen) und mit der Faust in Rundbewegungen abdrucken. Aufklappen: Im unteren Bereich ist die Fassadenspiegelung entstanden. Trocknen lassen.

4. Gondoliere: Am unteren Rand des DIN-A5-Blattes (Hochformat) die Gondel mit Bleistift skizzieren: Dabei nur die vordere Hälfte des Bootes mit der nach oben gerichteten Spitze *(Bug mit Metallbeschlag)* zeichnen. Einen Gondoliere in der typischen, im Spiel erprobten Körperhaltung (Beine, Hände) mit Bleistift dazuzeichnen. Den Naturhalm als Riemen auf der Skizze platzieren (aber nicht ankleben), die Handgriffe überprüfen, eventuell radieren und verbessern. Den Gondoliere mit Hutumriss und Gewand (Hose, waagrecht gestreiftes Oberteil) ergänzen. Bei zufriedenstellendem Ergebnis mit schwarzem Filzstift drüberzeichnen und die Bleistiftspuren ausradieren. Das Boot mit schwarzer Tusche bzw. Farbe ausmalen und trocknen lassen. Dann die Gondel mit Gondoliere ausschneiden. Den Hut des Gondoliere mit kleinen Strohstücken dicht bekleben.

5. Pastell-Impression: Auf die Fassadenflächen eine Pastellschicht auftragen, dabei die Stifte in der Mitte halten und liegend zart über die untermalten Bereiche führen. Jede Fassade sollte einen eigenen warmen Pastellton erhalten. Mit dem Finger die Pastellschicht verwischen; dabei die Hausfassaden-Grenzen beachten. Dann Spitzbogenfenster mit Pastell aufzeichnen (dabei kräftiger mit der Kreidekante andrücken) und die Glaszwischenräume mit dunklerem Pastellton ergänzen. Wasserspiegelung analog, allerdings mit kalten Tönen, durchführen. Anschließend beim offenen Fenster fixieren.

6. Fertigstellung: Den Gondoliere mit Gondel (am seitlichen Papierrand beginnend) mit etwas Abstand zum unteren Papierrand auf die Komposition kleben. Mit schwarzer Pastellkreide vorerst den Umriss der Gondelspiegelung aufzeichnen, dann leicht ausmalen und vorsichtig mit dem Finger verwischen. Einen Riemen aus Naturmaterial ankleben und seine Spiegelung mit schwarzer Pastellkreide ergänzen. Eventuell einige Lichtreflexe in kurzen, kräftig aufgetragenen Strichen in hellen Pastelltönen auf die Wasseroberfläche (untere Bildhälfte) legen. Nochmals leicht fixieren.

Tipps

- Wenn man beim Abdrucken-Schritt zu lange das Papier zugeklappt lässt, kleben die beiden Papierhälften zusammen. Beim Aufklappen kann es dann zur Verletzung der Papieroberfläche kommen, was wiederum recht gut den verwitterten, alten Fassadenputz nachahmt.
- Das Fixieren sollte aus ca. 20–30 cm Entfernung zur Papieroberfläche erfolgen. Die Haftung der Pigmentpartikel am Papier ist danach besser, man soll jedoch die Arbeiten unbedingt einrahmen. Vorsicht: Nach dem Fixieren wirken die Farben meistens dunkler.
- Anstelle von gezeichneten Gondoliere-Gesichtern können auch kleine Porträtfotos der Kinder verwendet werden.

MUSIKBEGLEITUNG

Madrigal-Musik von Orlando di Lasso und Claudio Monteverdi,
Antonio Vivaldi: „Vier Jahreszeiten“

Niederlande/Amsterdam: Getränkekarton-Puzzle in Mischtechnik

Hintergrundinformation

Die Tulpe ist ein farbenfrohes Symbol der Region Holland in den Niederlanden. Bunte Tulpenfelder verzieren jeden Frühling die flache Landschaft mit grünen Wiesen, Kanälen und Windmühlen. Die Hauptstadt der Niederlande ist Amsterdam – oft „Venedig des Nordens“ genannt. Ähnlich der italienischen Lagunenstadt, gibt es in Amsterdam neben Straßen auch ein System von Kanälen. Diese Wasserwege (Grachten) dienten früher dem Warentransport, der Entwässerung und der Verteidigung.

Die entlang der Grachten gebauten Häuser sind ein Wahrzeichen von Amsterdam: Sie haben schlichte, hohe und schmale Fassaden, sind meist aus dunklem Backstein gebaut und mit charakteristischen Fenstern und verzierten Giebeln versehen. Die Häuser sind auch ein Inbegriff des Wohlstandes im „Goldenen Zeitalter“ (17. Jahrhundert), des Wohnkomforts und des Rückzugs, was z. B. auf vielen Bildern *Jan Vermeers* zu sehen ist. Im Erdgeschoss eines Hauses befindet sich meistens ein Geschäft/Büro, die oberen Geschosse sind fürs Wohnen vorgesehen.

Eines der Amsterdamer Häuser (allerdings nicht direkt an einer Gracht gelegen) gehörte einem der größten Maler der Geschichte: Rembrandt van Rijn. Das Haus lädt heute alle Kunstinteressierten in das in seinem Inneren eingerichtete Rembrandt Museum (Rembrandt Huis) ein.

Rembrandt gab wie niemand zuvor in seinen Bildern die menschliche Seele mit Licht und Schatten einfühlsam wieder. Auch porträtierte er sich selbst in allen Lebensphasen. Seinen unverwechselbaren Stil erkennt man auch in zahlreichen Kupferstichen, deren Thema oft die Landschaft war.

Um den großen Meister zu ehren, benannte man in den Niederlanden eine außergewöhnliche Tulpensorte nach ihm. Die Rembrandt-Tulpe mit ihren malerischen Farbverläufen (die übrigens durch eine Virus-Erkrankung entstehen) ist lediglich eine der unzähligen Tulpensorten des Landes.

Tulpen sind Zwiebelgewächse, stammen ursprünglich aus der Türkei und wurden mit Schiffen durch Kaufleute in die Niederlande gebracht. Gerade zur Rembrandts Zeit waren Tulpen unvorstellbar teuer, besondere Zwiebeln reichten für den Kauf eines Hauses. Nicht umsonst nennt man diese Periode „Tulpenfieber“.

KUNST-TIPP

Jan Vermeer: „Briefleserin am offenen Fenster“, „Das Konzert“
Rembrandt: Selbstporträt, „Die Windmühle“

Projekt „Grachtenhaus mit Tulpe“: Getränkekarton-Puzzle in Mischtechnik

Die Niederlande haben viele schöne Seiten – auch ein Getränkekarton kann auf jeder Seite schön und unterschiedlich gestaltet sein: als Grachtenhaus, als Gesichter-Puzzle oder als Tulpenfeld mit Windmühle. Jedes Haus ist nicht nur schön, sondern auch praktisch und kann als Blumen-, idealerweise Tulpen-Vase dienen. Wenn man mehrere „Häuser“ nebeneinanderstellt, entsteht eine ganze Häuserzeile mit einem breiten Tulpenmeer ....

ZEITBEDARF

3–4 Unterrichtsstunden

MATERIAL

- ein leerer Getränkekarton (1 Liter mit quadratischer Grundfläche und Giebeldach)
- eine Schwarz-Weiß-Kopie eines Porträts jedes Schülers in doppelter Getränkekartonbreite (das Porträt wird später zerschnitten und auf zwei Getränkekartonseiten geklebt)
- eine Schülerzeichnung einer Windmühle in Getränkekartonbreite
- festeres Zeichenpapier (1 × DIN A4 je zwei Schüler)
- Acrylfarben (Grundtöne plus Weiß und Schwarz)
- flacher Pinsel mittlerer Größe
- feiner Rundpinsel
- Filzstifte
- Bleistift
- Schere
- Klebstoff
- eventuell Lackmalstift in Weiß und wasserfest (Permanent Marker) bzw. eventuell Weißkreide
- eventuell Firnis
- eventuell Heißkleber
- Schneidemaschine oder Cutter (Bedienung nur durch die Lehrkraft)
- für die Präsentation: Spiegel, Alu- oder Spiegelfolie, Tulpen (frische oder Kunstblumen)

Lernziele der Schüler

- unterschiedliche Gestaltungstechniken anwenden (Malen, Zeichnen, Ausschaben, Collage auf Grafik)
- Hausfassade planen (Symmetrie, Proportionen, Aufteilung, Giebel) und sorgfältiges Darstellen
- Farben aus Grundtönen mischen
- ein praktisches Kunstobjekt gestalten
- mit einem Abfallprodukt arbeiten
- eine dreidimensionale Gruppenarbeit erstellen

Arbeitsablauf

1. *Vorbereitung (optional): Abbildungen der holländischen Landschaft betrachten und ihre Merkmale analysieren (Kanäle, Wiesen, Windmühlen, Tulpenfelder), Amsterdam aus der Vogelperspektive anschauen (Kanäle beachten), Fotos von Grachtenhäusern ansehen (Proportionen, Fensteranordnung und Teilung, Fassadenmaterial und Farbe, Giebelausbildung), eventuell Bilder von Innenräumen von Jan Vermeers Bildern ergänzen (den Alltag in den damaligen Niederlanden kennenlernen).*
   Eventuell Rembrandts künstlerische Laufbahn besprechen.

2. Den Getränkekarton rundherum ansehen, „Giebel-“ und „Traufseiten“ definieren.

3. Backstein-Fassade herstellen: Zeichenpapier (DIN A4) längs in zwei Hälften schneiden (2 Streifen à 10,5 cm × 30 cm). Je ein Schüler erhält eine Hälfte. Den Getränkekarton mit der Giebelseite auf den Papierstreifen (Hochformat) so auflegen, dass die Unterkante und ein Seitenrand bündig liegen (man muss dann später nicht so viel Zeit fürs Ausschneiden verwenden, da zwei Seiten schon vorhanden

sind). Mit einem Bleistift den Getränkekarton-Umriss nachzeichnen und anschließend den neuen Hausgiebel entwerfen und nach Belieben ausformen (z. B. abgerundet oder mit Stufen); dabei auf Symmetrie und Machbarkeit (Ausschneiden) achten. Der neue Hausgiebel soll dabei den Giebel des Getränkekartons überragen und verdecken. Tür- und Fensterumrisse und eventuell eine Treppe in Seitenansicht skizzieren. Noch keine Details (Fensterteilungen, Ziegelfugen) hinzufügen – diese kommen erst später.

Die Fassadenfarbe aus den Grundfarben mischen, eventuell mit Weiß aufhellen oder mit Schwarz trüben. Dann die Farbe auf die Fassadenskizze (ohne Öffnungen) auftragen. Für die Tür- und Fensterbereiche eine andere Farbe (z. B. Blau oder Schwarz) wählen/mischen und damit ausmalen. Trocknen lassen.

Die Fenster- und Türrahmen mit weißer Farbe und einem feinen Pinsel bzw. Weißkreide oder Permanent Marker aufmalen. Trocknen lassen. Mit Filzstiften Fensterteilungen sowie Ziegelmauerwerk ergänzen. Das Fassadenbild ausschneiden und am Getränkekarton (eventuell mit Heißkleber) ankleben.

4. Seiten-Fassade „Gesichter“: Die Schwarz-Weiß-Kopie des Schülerporträts in zwei Hälften schneiden und auf zwei aneinandergrenzende Getränkekartonseiten kleben.

5. Tulpenfeld-Fassade mit Windmühle (vierte Giebelseite): die Fassadenfarbe aus drei Grundfarben mischen, eventuell mit Weiß aufhellen oder mit Schwarz trüben. Die Giebelseite damit bemalen. Eine Windmühle skizzieren und darauf unterschiedliche Farbfelder in Streifen anlegen – je nach Sichtweise oder Perspektive-Verständnis. Trocknen lassen, ausschneiden und am Getränkekarton ankleben.

6. Eventuell eine Firnis-Schicht vollflächig auftragen (die Oberfläche ist dadurch geschützt und die Farben wirken intensiver).

7. Die Grachtenhäuser nebeneinander auf einer sich spiegelnden Oberfläche (als Wasserimitation, z. B. Glastisch, Alu-Folie) präsentieren. Dafür Tulpen in den Karton stellen.

Tipps

- Beim Kleben der Fotokopien auf den Getränkekarton immer vom unteren Kartonrand beginnen, damit später alle Werke als „Puzzle-Teile“ zusammenpassen.
- Die Acrylfarbe auf der Hauptfassade gut austrocknen lassen, bevor man die Backstein-Struktur zeichnerisch mit den Filzstiften hinzufügt (sonst verstopfen die Filzstifte).
- Die Filzstift-Farbe an die Fassadenfarbe anpassen (Ton-in-Ton), damit die Ziegelfugen-Struktur zwar gut sichtbar, aber nicht vordergründig wirkt.
- Die Tulpen-Vase aus dem Getränkekarton ist wasserdicht und somit für frische Tulpen geeignet.

MUSIKBEGLEITUNG

Musik des Frühbarocks, z. B. von Jan Pieterszoon Sweelinck

9 Russland: Dorflandschaft in Mischtechnik

Hintergrundinformation

Das russische Dorf ist, wie auf Isaak Iljitsch Lewitans Bildern aus dem 19. Jahrhundert dargestellt, ein Inbegriff des idyllischen Landlebens in intakter Natur. Birkenhaine, sanfte Hügel, Flüsse, Häuser aus Holz und orthodoxe Kirchen mit meist goldenen Zwiebeltürmen – all das bildet eine Einheit, die das Gefühl der Einfachheit und vollkommener Harmonie beim Betrachter weckt.
In Russland achtete man früher beim Bau der Häuser sehr genau auf die Himmelsrichtungen, um die Energie der Sonne optimal nutzen zu können. Für Wohnräume war die Ausrichtung nach Süd-Westen optimal, auf der Nord- und Ostseite des Hauses befanden sich Nebenräume.
Man verwendete lokale Baumaterialien wie Holz und Stroh für die Dächer. Die Außenwände, Fenster und Türen wurden reichlich mit holzgeschnitztem, oft farbenfrohem Dekor verziert. Mit Holz wurde auch geheizt – der Ofen war neben der Ikonenecke der wichtigste Platz im Haus.
Schon seit dem 18. Jahrhundert überzeugt das vermeintlich einfache, entspannte und naturverbundene ländliche Leben die russischen Stadtbewohner, die bis heute auf dem Land ihre Wochenend- und Sommerhäuser *(Datschen)* bauen.

KUNST-TIPP

Isaak Iljitsch Lewitan: „Abendläuten", „Stilles Kloster"
Ilja Repin: „Landschaft mit Steg", „Blick zur Kirche von Varvarino", „Kreuzprozession im Gouvernement Kursk"

Projekt „Zwiebeltürme“: Dorflandschaft in Mischtechnik

Ein russisches Dorf im Frühjahr: Es ist noch etwas kalt, aber das zarte Grün umhüllt bereits Birken und Wiesen. Die goldenen Zwiebeltürme leuchten am klaren, blauen Himmel, man hört die Kirchglocken läuten. Es ist Osterzeit, die Zeit des Naturerwachens ...

ZEITBEDARF

1–2 Unterrichtsstunden

MATERIAL

- Malpapier (DIN A4 oder DIN A3)
- Pinsel diverser Größen
- blaue Tinte (Flasche oder Patronen)
- Tintenlöscher
- Temperafarbe in Gold
- Softpastellkreiden
- Fixativ oder Haarspray
- längs durchgeschnittene Zwiebel
- eventuell Papier zum Bedrucken (für die Übung)
- Passepartout plus Bilderrahmen

Lernziele der Schüler

- eine russische Dorflandschaft mit charakteristischen Merkmalen (Natur, Architektur) gestalten
- den Kontrast zwischen kalt/matt und warm/glänzend mit dem Farbenpaar Blau/Gold darstellen
- die Technik der Tintenlöscher-Radierung kennenlernen
- die Grundtechniken der Soft-Pastellmalerei (deckend und lasierend, verwischen) für die Kolorierung anwenden

Arbeitsablauf

1. *Vorbereitung (optional): Abbildungen von russischen Dorflandschaften im Winter und Frühling ansehen und mit Werken von Ilja Repin und Isaak Lewitan vergleichen. Dabei auf Natur- und Architekturelemente hin untersuchen. Die Birken (Rinde, Baumstruktur) und die orthodoxe Kirchenarchitektur (gemauert und aus Holz) genauer ansehen und besprechen. Falls möglich, Zwiebelturm-Konstruktion anhand von Abbildungen ansehen.*

2. Übung: Mit Stempeln aus Zwiebelhälften (Längsschnitt) einige Abdrucke mit goldener Farbe versuchen. Eventuell den Umriss mit Bleistift mehrmals außerhalb der Abdruckkante nachfahren, um die charakteristische Form des Zwiebelturmes für die Hauptarbeit zu verinnerlichen.

3. Das Malpapier mit blauer Tinte und einem flachen Pinsel vollflächig übermalen. Mit einem Tintenlöscher die typischen Elemente der russischen Landschaft aufzeichnen (radieren): Birkenbaum mit dickerem Stamm und zarten Ästen, eine Kirche mit Zwiebelturm, Zaun, eventuell kleine Dorfhäuser.
   Auf eine detailreiche Wiedergabe des Baumaterials achten: z. B. Dachziegel, Holzbretter, Schnitzereien z. B. im Fenster-/Türbereich.

4. Den Zwiebelturm aufstempeln und eventuell nachträglich mit goldener Farbe ausmalen.

5. Mit Soft-Pastellkreiden das Motiv kolorieren. Größere Flächen mit seitlich gehaltener Kreide breit und leicht andrückend übermalen, eventuell etwas mit einem Finger verwischen. Details mit Pastellkreiden aufzeichnen. Immer mit zarter Untermalung beginnen, darauf folgt die deckend ausgeführte Detail-Zeichnung.
   Die Rinde der Birke mit schwarzer Kreide und kurzen Strichen andeuten. Anschließend die Arbeit fixieren, mit einem Passepartout versehen und einrahmen.

Tipps

- Das Übermalen mit blauer Tinte kann in einer oder mehreren Schichten (zur Intensivierung des Farbtons) erfolgen. Die Pinselspuren kann man dabei gezielt zum Landschaftsaufbau einsetzen: Eine unregelmäßige Pinselführung imitiert gut den Himmel; der eher waagrechte, sanfte Verlauf kann Hügel oder weiter gelegene Landschaftsebenen andeuten.
- Das Fixieren der Arbeit nach dem Auftrag der Soft-Pastellkreiden soll beim offenen Fenster aus ca. 20 cm Entfernung zur Bildoberfläche erfolgen. Die Farbtöne können danach etwas dunkler wirken.
- Diese Arbeit kann um die farbenfrohe „Matroschka-Familie" *(siehe nächstes Kapitel)* ergänzt werden. In diesem Fall ist es empfehlenswert, die Dorflandschaft auf DIN A3 im Querformat umzusetzen, damit es dann noch ausreichend Platz für die Papierfiguren-Reihe gibt.

MUSIKBEGLEITUNG

Modest Mussorgsky – „Bilder einer Ausstellung" (Orchesterbearbeitung),
Pjotr Iljitsch Tschaikowski – russischer Tanz „Trepak" (Ballett „Der Nußknacker")

10 Russland: Pappmaché-Objekt

Hintergrundinformation

Matroschkas sind eines der beliebtesten russischen Souvenirs. Der Name „Matroschka" geht auf das Wort „Mutter" zurück. Die farbenfrohen Steckpuppen aus geschmeidigem, leicht zu bearbeitendem Birken- oder Lindenholz haben ihre Vorfahren in den japanischen *Fukuruma*-Puppen und in bemalten Eiern, die für slawische Länder schon seit Jahrhunderten typisch sind.
Von dem Drechsler Vasilij Svjosdotschkin und dem Maler Sergei Maljutin Ende des 19. Jahrhunderts entwickelt, wurden Matroschkas außerhalb Russlands dank der Pariser Weltausstellung im Jahr 1900 berühmt und gewannen dort sogar eine Medaille.
Matroschkas werden oft als etwas rundliche Mutter einer größeren, lebensfrohen Familie dargestellt. Ihre Herstellung ist ziemlich aufwendig, jede Holzpuppe wird in ca. 15 Arbeitsschritten angefertigt. Man beginnt immer mit der kleinsten Figur, die als Vorlage für die weiteren aus der Reihe dient.
Die gedrechselten Puppen sind meisten mit Tempera- oder Aquarellfarben bemalt und unterscheiden sich je nach Region in Form, Verzierung und Maltechnik.

Projekt „Matroschka": Pappmaché-Objekt

Matroschkas, die beliebten Steckpuppen, werden hier zu wahren VERsteckpuppen.
Unter dem festen und bunten Kleid aus Pappmaché kann man eigene kleine Schätze oder Geheimnisse auf feine Art verstecken ...

ZEITBEDARF

3–4 Unterrichtsstunden (mindestens 2-tägige Trocknungszeit der Pappmachéform sowie eventuell der Grundierung vor dem Bemalen berücksichtigen)

MATERIAL

- Zeitungspapier
- Keramikschale (ca. 15 cm Durchmesser)
- Malerkrepp
- Luftballon
- (Tapeten-)Kleister
- großer Flachpinsel plus Pinsel diverser Größen
- Acryl- oder Temperafarben (Grundfarben plus Weiß, Schwarz und Gold)
- größere Menge Acrylfarbe in Weiß für die Grundierung
- schwarzer Filzstift (wasserfest)
- Schere (bzw. Cutter für Lehrkraft)
- transparentes Klebeband
- eventuell Firnis

Lernziele der Schüler

- die Technik des Pappmaché kennenlernen
- Unterkonstruktion für ein Objekt in passenden Matroschka-Proportionen (Kopf/Rumpf) vorbereiten
- ein stabiles Objekt aus Papier gestalten (aus mehreren Papierschichten sorgfältig und geduldig aufbauen)
- mit Grundfarben neue Farbmischungen erzielen
- in mehreren Arbeitsstufen arbeiten (Trocknungszeit, Grundierung)
- mit Abfallmaterial gestalten (Zeitungspapierrecycling)

Arbeitsablauf

1. *Vorbereitung (optional): unterschiedliche Matroschkas anhand von Modell oder Abbildungen ansehen und dabei gemeinsam auf Motive, Anzahl der Puppen, Größe, Farben und Muster untersuchen. Das Stecksystem, die Materialien und die Art der Herstellung (Drechseln, Bemalen) kennenlernen.*

2. Den Kleister laut Gebrauchsanleitung mischen und auf die Seite stellen. Inzwischen Zeitungspapier in ca. 3 cm breite Streifen reißen.

3. Den Luftballon halb aufblasen. Einige Malerkrepp-Stücke (mindestens 10 cm lang) abreißen und am Tisch locker ankleben (sodass die Enden nicht angeklebt sind). Den Luftballon mit seinem breiteren Teil zur Schale hin (Knoten in die Schale) auf die Keramikschale auflegen, mit den vorbereiteten Malerkreppstreifen rundherum auf der Schale fixieren und zusätzlich entlang der Schalenkante Luftballon und Schale mit Kreppband verbinden.
   Auf ca. 2/3-Höhe des Luftballons das Malerkrepp mehrmals ganz eng um den „Hals" der zukünftigen Matroschka wickeln. Die Unterteilung Kopf/Rumpf soll deutlich geformt sein.

4. Den Luftballon mit einem großen Flachpinsel mit Kleister bestreichen. Dann einen Zeitungspapier-Streifen drauflegen (senkrechter Verlauf) und mit dem Pinsel glätten. Den nächsten Streifen etwas überlappend auf die gleiche Art aufbringen. Mindestens drei Schichten ankleben!
   Die Matroschka-Figur trocknen lassen (dies kann je nach Raumtemperatur, Schichtenanzahl und Kleistermenge einen bis einige Tage dauern).

5. Die getrocknete Form mit einem großen Flachpinsel mit weißer Acrylfarbe grundieren – je nach Deckkraft der Farbe in 1–2 Schichten auftragen. Trocknen lassen.

6. Bemalen: Mit größeren Pinseln zuerst die großen Flächen bemalen (Farben mischen, mit Weiß aufhellen oder eventuell mit Schwarz trüben). Dann mit feineren Pinseln Details hinzufügen, eventuell mit goldener Farbe ergänzen. Nach dem Trocknen mit wasserfestem schwarzem Stift Umrisse und besonders feine Details wie Augen oder Mund aufzeichnen. Eventuell Firnis auftragen, um die Farbtontiefe und einen besseren Schutz der Oberfläche zu erzielen.

7. Mit der Schere oder dem Cutter die Verbindung zwischen Schale und Matroschka lösen. Den zerplatzten Luftballon vorsichtig entfernen/abschneiden. Die Unterkante der Puppe (Innenseite) rundherum mit Klebeband verstärken. Die Keramik-Schale sorgfältig auswaschen.

Tipps

- Wenn der Luftballon zu stark aufgeblasen ist, lässt er sich schwerer mit Malerkrepp formen (unterteilen), denn die angespannte Oberfläche gibt nicht so leicht nach. Daher den Luftballon nicht zu stark aufpusten.
- Zeitungspapierseiten haben zwei unterschiedliche Ränder: glatte und gewellte (vor dem Reißen gemeinsam mit den Schülern prüfen). Wenn man am gewellten Rand das Papier anreißt, entstehen ohne Mühe fast gerade Streifen. Wenn man am glatten Rand beginnt, entstehen unregelmäßige Papierstücke.
- Etwas Zeitungspapier oder ein Folienstück an der Schale angeklebt schützt diese beim Bemalen, denn getrocknete Acrylfarbe ist schwer zu entfernen.
- Beim Aufkleben der Zeitungspapier-Schichten ist es empfehlenswert, nach jeder fertigen Schicht eine kurze Pause zu machen (z. B. für etwas Bewegung oder eine kurze, zum Thema passende Vorlesegeschichte). Eine Markierung (z. B. mit Filzstift) und das fortlaufende Ankleben der neuen Schichten in eine bestimmte Richtung (rundherum, von der Markierung anfangend) helfen, eine durchgehend gleich starke Pappmachéform zu erzielen.
- Erst mindestens drei Schichten aus sich überlappenden Papierstreifen ergeben eine stabile Form!
- Eine Grundierung der trockenen Pappmaché-Formen ist zwar nicht unbedingt notwendig (der Arbeitsvorgang ist länger und auch der Farbenverbrauch ist größer), aber dadurch wird die zu bemalende Oberfläche stabilisiert und geglättet. Da die dunkle Zeitungspapiergrafik dank Grundierung bedeckt ist, erzielen die Farben mehr Leuchtkraft auf dem homogen weißen Untergrund.
- Pappmaché ist eine Geduldsprobe, insbesondere für die jüngeren Künstler. Damit das etwas aufwendige Papierstreifen-Ankleben und die Trocknungszeit für die Kinder spannender werden, kann man diesen Arbeitsschritt auch als „Bandagieren einer Mumie“ am Ende des Ägypten-Projekts machen. Leinenbinden werden hier durch Papierstreifen und Duftöle durch Kleister ersetzt.

Zusatz: Gestaltung einer Matroschka-Familie (für das Projekt 9.)

Als eventuelle Ergänzung zum Projekt „9. Russland: Dorflandschaft in Mischtechnik“ kann man sehr einfach eine eigene Matroschka-Familie gestalten. Man braucht dafür nur Porträtfotos aller Familienmitglieder, weißes Zeichenpapier, eine kleine Matroschka-Umriss-Vorlage, Ölkreiden, Wasserfarben oder Maltuschen, Schere, Zahnstocher und Klebstoff.
Die Matroschka-Schablone wird dann je nach Anzahl der Personen mit Bleistift auf Zeichenpapier kopiert. Dabei sollten die Schüler darauf achten, dass jede neue Figur etwas größer wird.
Aus den Fotos der Familienmitglieder nur die Köpfe ausschneiden und auf die Matroschka-Umrisse kleben. Dann die Umrisse mit Ölkreiden farbenfroh ausmalen, mit Zahnstocher Muster auskratzen und mit Wasserfarben/Maltuschen übermalen. Anschließend die Matroschkas ausschneiden und nach Größe gereiht entweder gemeinsam mit den „Zwiebeltürmen“ einrahmen oder auf eine Ziehharmonika aus Papier oder transparenter Folie aufkleben und als Dekoration aufstellen.

MUSIKBEGLEITUNG

Traditionelle russische Lieder, z. B. „Kalinka“, „Oci ciornie“, „Katjuscha“ (mit Chor oder Ziehharmonika-Bearbeitung), Volkslied „Es war eine Mutter“, CD „Wir Kinder vom Kleistpark machen Musik“ (2008)

11 Kuba/Havanna: Bewegliche Recycling-Collage

Hintergrundinformation

Während bei uns die kalte Jahreszeit herrscht, genießt man auf Kuba, der größten karibischen Insel im Golf von Mexiko, die Vorzüge des tropischen Klimas. Kristallklares Meer, Sandstrände unter den Palmen, kleine Inseln und Korallenriffe, weitläufige Ebenen und Gebirgsketten mit bizarren Gesteinsformationen bezauberten bereits Christoph Kolumbus vor über 500 Jahren.
Die Hauptstadt Kubas ist Havanna. Ein Spaziergang oder eine Fahrt mit einem der großen, lauten und farbenfrohen Oldtimer durch die Altstadt Havannas ist wie eine Reise durch viele Stilepochen, geschichtliche Veränderungen und Lebensbedingungen.
Die Stadt besitzt eine Vielzahl an Architektur-Schätzen: von Renaissance über Barock bis zum Kolonialstil, einer Ausformung des Klassizismus. Arkaden, Säulen, Fenstergitter, reich verzierte Balkone, prachtvolle Paläste, stimmungsvolle Plätze und Höfe ... Obwohl hier so vieles atemberaubend ist, unterliegt auch viel dem Verfall. Dieser Verfalll bedeutet für viele Stadtbewohner schlechte Wohnbedingungen, obwohl er gleichzeitig fester Bestandteil des besonderen Flairs Havannas ist. Seit einigen Jahren bemüht man sich in Havanna um die Erhaltung und Erneuerung der historischen Stadtteile.

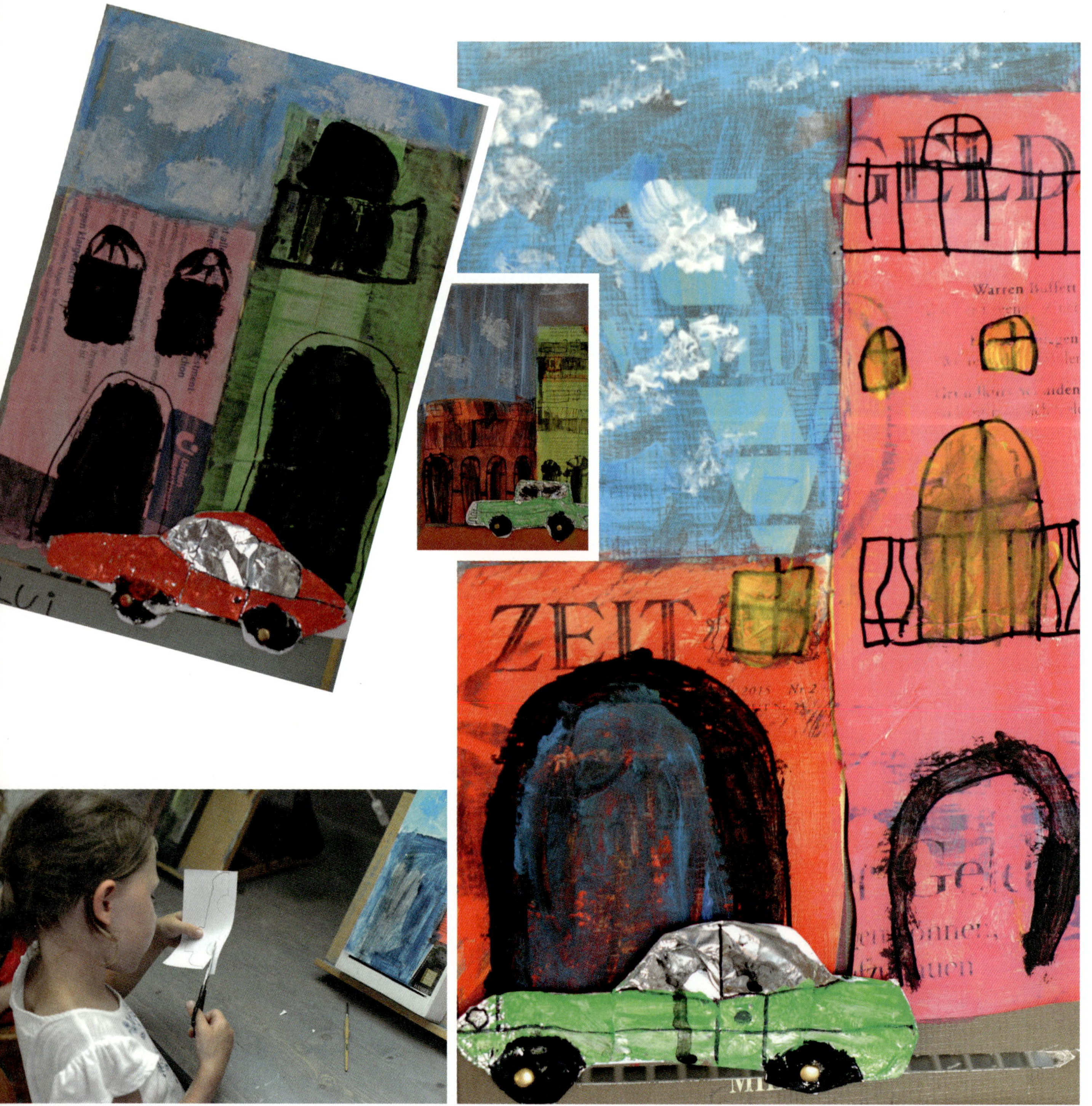

Projekt „Oldtimer": Bewegliche Recycling-Collage

Langsam rollen die Oldtimer durch die heißen und bunten Straßen Havannas. Mit Recycling-Material lassen sich Stimmung und Geschichte dieser Stadt gut nachahmen ...

ZEITBEDARF

1–2 Unterrichtsstunden

MATERIAL

- Schuhkartondeckel (ca. DIN A4)
- schwarz-weißes Zeitungspapier
- Pappflächen
- silbrige Innenflächen aus einem Getränkekarton (1 Liter)
- Acrylfarben (Grundtöne plus Weiß und Schwarz)
- Pinsel diverser Größe
- schwarzer Filzstift (wasserfest)
- Bleistift
- Klebeband
- Klebstoff
- Schere
- Cutter (nur für die Lehrkraft)
- 2 Musterklammern pro Bild
- Lochzange bzw. Nagel plus Hammer

Lernziele der Schüler

- eine Straße in Havanna mit charakteristischen Merkmalen (Architektur, Farbgebung, Material, Verfall) darstellen
- eine kräftige Farbpalette aus Grundfarben (plus Weiß und Schwarz) mischen
- ein bewegliches Bildelement (Auto) in passenden Proportionen gestalten
- Eigenschaften der Objekte durch Materialwahl betonen
- mit Recyclingmaterial gestalten

Arbeitsablauf

1. *Vorbereitung (optional): typische Straßen und das Leben in Havanna anhand von Abbildungen/Filmen mit Musikbegleitung kennenlernen. Charakteristische Elemente erkennen sowie ihr Aussehen und ihre Funktion (z. B. Tropenklima bedingte Architekturlösungen) besprechen. Typische Oldtimerautos ansehen und deren Form, Größe, Material und Farbe besprechen.*

2. Den Schuhkartondeckel im Hochformat auflegen und einen ca. 5 mm breiten Schlitz mit dem Cutter (durch die Lehrkraft ausgeführt) einschneiden. Dabei auf die Entfernung zum unteren Deckelrand (ca. 3–4 cm) und zu den beiden seitlichen Rändern (ca. 2 cm) achten.

3. Die obere Hälfte des Deckels mit einer blau-weißen Farbmischung und einem Flachpinsel bemalen und anschließend weiße Wolken malen. Aus Zeitungspapier zwei bis drei unterschiedlich große/breite Rechtecke (Häuser) ausschneiden und am Deckel auflegen. Eventuell die Breite korrigieren: Es soll eine Häuserzeile in geschlossener Bauweise auf der ganzen Deckelbreite entstehen.
   Die Rechtecke mit verdünnter Acrylfarbe und breitem Flachpinsel bemalen, dabei neue Farbmischungen aus den Grundtönen erzielen und den Farben etwas Weiß bzw. Schwarz beimischen. Idealerweise ist der Fassaden-Farbton nicht homogen: Er soll variieren, um das Alter der Gebäude besser nachzuahmen. Dann die Zeitungsrechtecke trocknen lassen und am Deckel ankleben (Falten und Unebenheiten sind hier sogar gewünscht).

4. Mit einem Filzstift architektonische Details (z. B. Arkaden, Balkone, Fensterläden und Fenstergitter) auf die Häuser zeichnen. Mit schwarzer, etwas verdünnter Farbe einige Öffnungen ausmalen.

5. Oldtimer: Mit dem Bleistift einen Auto-Umriss auf der silbrigen Getränkekartonfläche skizzieren (kräftig mit der Bleistiftspitze andrücken!) und ausschneiden. Mit einem feinen Pinsel das Auto in einem kräftigen Farbton (Acrylfarbe) bemalen. Dabei die Fenster und den Felgenbereich unbemalt (silbrig/metallisch) lassen. Nach dem Trocknen mit schwarzem, wasserfestem Filzstift Umrisse und Details hinzufügen.

6. Montage: Die Autoräder jeweils mittig durchbohren (mit der Lochzange oder Nagel plus Hammer) und je eine Musterklammer durch jedes Loch und den Kartonschlitz stecken. Auf der Bild-Rückseite „Beilegscheiben" aus Getränkekarton (zwei Stück oder einen gemeinsamen Streifen) auf die Musterklammerspitzen stecken und die Musterklammer-Läppchen locker auseinanderklappen. Das Auto lässt sich nun leicht entlang des Kartonschlitzes durch die Straßenszene schieben.

Tipps

- Anstelle der silbrigen Innenseiten eines Getränkekartons kann man auch eine Auto-Pappform verwenden, die in Alufolie gewickelt wird. Die dünne Alufolie glänzt schön und so kommen die spiegelnden metallischen Teile des Fahrzeugs besonders gut zur Geltung. Es ist allerdings notwendig, die Auto-Pappform zweifach auszuschneiden: An die Rückseite der in Alufolie gewickelten Form wird als Schutzschicht die zweite Form angeklebt. Damit kann das Auto gut an der Bildoberfläche gleiten und die zarte Alufolie wird nicht angerissen.
- Beschichtete Flächen (z. B. Getränkekarton, viele Lebensmittel-Verpackungen) gleiten an anderen Oberflächen besser als üblicher, matter Pappkarton.

MUSIKBEGLEITUNG

Buena Vista Social Club –
„Chanchullo" (Album)

12 Großbritannien/London: Keramikteller

Hintergrundinformation

Mit London verbindet man u. a. den Big Ben, die Tower Bridge, rote Telefonzellen oder Doppeldeckerbusse.
William Turner, der wohl bedeutendste Maler Großbritanniens, malte mit Licht und Farbe auf eine für die erste Hälfte des 19. Jahrhunderts ungewöhnliche Weise sehr rasch, fast skizzenhaft – lange bevor der Impressionismus das französische Publikum überraschte.
Für Turner war nicht die exakte, „wirkliche“ Abbildung der Welt, sondern die Stimmung des Moments wichtig. Seine Lieblingsmotive waren das Wasser und der Himmel. Objekte deutete er nur an, als wären sie etwas Unwirkliches. Leuchtende Farben und starke Kontraste zwischen Hell und Dunkel prägen seine Werke, wie es z. B. bei *„Der Brand des Londoner Parlaments“ (1835)* zu sehen ist. Turner beobachtete die Brandszene in einem Boot auf der Themse, machte viele Skizzen und brachte erst im Atelier seine Eindrücke auf die Leinwand.
Die Inspiration von Licht und Farbe, zusammengefasst in einem „dramatischen Himmel“, und verschiedene Londoner Sehenswürdigkeiten fließen in diesem Projekt zusammen.

KUNST-TIPP

William Turner: „Der Brand des Londoner Parlaments“, „Regen, Dampf und Geschwindigkeit“

Projekt „English Breakfast mit William Turner“: Einen Keramikteller bemalen

Eine Reise nach England ohne deftiges Frühstück mit Toast, Spiegelei, Speck, Bohnen, Würstchen und Orangenmarmelade? Kaum denkbar!
Vor allem an einem regnerischen Morgen erfreut man sich am selbst bemalten Keramikteller, auf dem neben den kalorienreichen Speisen auch das selbst geschaffene London-Motiv à la Turner das Auge erfreut. Auch das Gestalten des Tellers verlangt nach einem Küchenbesuch: Das Kunstwerk wird nach dem Austrocknen der Farbe im Backofen gebrannt.

ZEITBEDARF

2 Unterrichtsstunden plus Trocknung plus Brennen

MATERIAL

- Weißer, flacher Keramikteller, ca. 20–30 cm Durchmesser
- Keramikfarben und -stifte
- weiche Flachpinsel in diversen Größen
- Papier zum Skizzieren in DIN A3 bzw. A4 (je nach Tellergröße)
- Scheuermittel
- Geschirrschwamm
- Geschirrtuch
- Bleistift
- Kopien diverser London-Motive

Lernziele der Schüler

- planmäßig vorgehen: beobachten, am Papier entwerfen, auf dem Teller realisieren
- die Kontraste erkennbar/verschwommen, hell/dunkel, kalt/warm anwenden
- Motive zeichnerisch erkennbar wiedergeben und als eine Komposition zusammenstellen
- den Himmel als Hintergrund rasch und gefühlsbetont (evtl. mit dynamischer Musikbegleitung) darstellen
- ein praktisches Kunstwerk gestalten

Arbeitsablauf

1. Vorbereitung: Die Abbildungen von Londoner Sehenswürdigkeiten ansehen (Big Ben, Tower Bridge, Telefonzellen, Double Decker) und sie besprechen. *Optional: Arbeiten von William Turner (z. B. „Brand des Parlaments“, „Regen, Dampf und Geschwindigkeit“) genauer betrachten und auf Details und die Darstellung des Himmels untersuchen: Was erkennen wir? Welche (Farben-)Stimmung herrscht im Bild? Wie viel Platz nimmt der Himmel in der Komposition ein?*

2. Skizze anfertigen: Den Keramikteller auf das Skizzierpapier legen (mit der Rückseite nach oben). Mit dem Bleistift den Tellerumriss nachzeichnen. Den Teller vorsichtig auf die Seite legen, damit er beim Skizzieren nicht stört.
   Die ausgewählten Bilder von London-Motiven auf den Arbeitsplatz legen, betrachten und mit Bleistift auf dem Papier skizzieren. Eventuell eine Komposition erstellen, also mit anderen Motiven ergänzen.

3. Die Keramik bemalen: Mit Keramik-Stiften den Entwurf auf den Teller übertragen und dabei nur eine, eher dunklere Stiftfarbe für die Umrisse auswählen. Manche Details mit dem gleichen Stift ausmalen. Vorsicht: Den frischen Malgrund nicht berühren, damit die Zeichnung nicht verwischt wird!

Mit Keramikfarben den Hintergrund rasch ausmalen: Die Farben direkt auf dem Teller mischen (so machte es auch William Turner auf einer Leinwand). Eventuell etwas Wasser hinzufügen, damit der Pinsel besser gleitet. Die Schüler müssen darauf achten, dass sie mit dem Pinsel nicht die Stiftzeichnung berühren, denn dann verwischt diese.

4. Den bemalten Teller nach den Angaben des Keramikfarben-Herstellers trocknen lassen und im Backofen brennen.

Tipps

- Den Keramikteller vor dem Arbeitsbeginn gründlich mit Scheuermilch und der rauen Schwammseite abreiben, um Fettspuren zu entfernen. Dann den Teller mit warmem Wasser abspülen und trockenwischen. So wird die Keramikfarbe besser haften.
- Beim Gestalten möglichst die zu bemalende Telleroberfläche nicht berühren (nur am Tellerrand halten).
- Brenndauer und -temperatur sind von Hersteller zu Hersteller der Keramikfarbe unterschiedlich und betragen ca. 30 Min. bei 150 °C. Immer der Gebrauchsanleitung folgen!
- Das beim Frühstücken benutzte Besteck kann Kratzspuren auf dem Bild hinterlassen, was gar nicht uninteressant aussehen muss. Wer das aber nicht möchte, sollte eher auf Kunststoffbesteck zurückgreifen und auf das Schneiden am Kunstwerk verzichten (z. B. ein Rührei anstatt von Spiegelei servieren).
- Den Teller immer mit milden Spülmitteln und weichen Schwämmen reinigen.

Telefonzelle in London

MUSIKBEGLEITUNG

Benjamin Britten:
„The Young Person's Guide to the Orchestra"

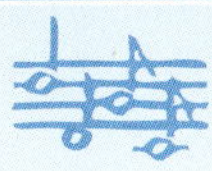

Big Ben mit Double Decker

Tower Bridge

13 Frankreich/Paris: 3D-Bild in Mischtechnik

Hintergrundinformation

Paris, die Hauptstadt von Frankreich, überrascht Besucher bei Tag und Nacht.
In der Stadt befinden sich Museen mit herausragenden Kunstschätzen und fortschrittliche Bauwerke, die ihrer Zeit mutig vorausgingen. Über der Stadt thront der für die Weltausstellung 1889 von Gustave Eiffel geplante Eiffelturm. Er ist das spektakuläre Wahrzeichen und Symbol der hoch entwickelten französischen Ingenieurbautradition.
Auf einer Weltausstellung präsentierten die teilnehmenden Länder ihre herausragende technische und kunsthandwerkliche Leistung. Die Ausstellungsgebäude (Pavillons) waren meistens sehr spektakulär und damit auch aufwendig und kostspielig. Meist baute man die Pavillons nach der Ausstellung wieder ab.
Bereits vor der Errichtung des Eiffelturmes gab es Proteste der Pariser Bürger, die vom Maßstab und der Form der „Eisernen Dame“ veängstigt waren. Der französische Turm-Beitrag war damals schließlich mit 312 Metern Höhe das höchste Bauwerk der Welt (bis 1930 das Chrysler Building in New York die Führung übernahm) und zeigte die neuesten Möglichkeiten des Stahlbaus.
Ebenfalls aus Eisen wurde für die Pariser Weltausstellung 1900 das damals größte Riesenrad der Welt (mit 100 m Durchmesser) gebaut, worin man eine spannende „Rundreise“ mit Blick auf Paris unternehmen konnte. Nach ca. 30 Jahren baute man das Riesenrad allerdings ab und erst Ende des vorigen Jahrhunderts stellte man ein ähnliches wieder auf.

Projekt „Paris by Night“: 3D-Bild in Mischtechnik

Paris, eine romantische Stadt, die nie schläft, verbindet Kunst und Technik auf höchstem Niveau.
Die hier vorgestellte Aufgabe ist eine konstruktive Nacht-Impression (hergestellt mit Hammer, Nägel und Garn) mit Wahrzeichen der Künstler- und Lichtmetropole. Maler und Ingenieure haben in diesem Projekt gleich viel zu sagen.

ZEITBEDARF

2–3 Unterrichtsstunden

MATERIAL

- Bastel-Sperrholzplatte (A4)
- 9 Nägel pro Kind
- Hammer
- festes Nähgarn in heller Farbe
- Schere
- Holzplatte plus altes Tuch oder dicker Zeitungsstapel als Unterlage
- Öl-Pastell- bzw. Wachskreiden
- Acrylfarben in 3 Grundtönen plus Weiß und Schwarz
- Flachpinsel (mittelgroß)
- feiner Pinsel
- Bleistift
- Klopapier (Reste) ca.15 cm × 15 cm (bzw. Post-it)
- Trinkbecher bzw. Glas (ca. 10 cm Durchmesser)

Lernziele der Schüler

- ein stimmungsvolles Nacht-Stadtbild gestalten
- hydrophobe Eigenschaften von Öl-/Wachskreiden erfahren und gestalterisch anwenden
- Kontrast zwischen gemalt/gezeichnet, deckend/transparent und hell/dunkel in die Arbeit mit einbeziehen
- Wahrzeichen der Stadt Paris vereinfacht (plakativ) und erkennbar darstellen
- mit einfachen Mitteln konstruieren (gleichmäßige Kreisaufteilung)
- dreidimensional gestalten
- unterschiedliche Materialien und deren Eigenschaften gezielt anwenden

Arbeitsablauf

1. Vorbereitung: Tag- und Nachtbilder von Paris (Vogelperspektiven unterschiedlicher Stadtteile) betrachten, den Eiffelturm auf den Bildern suchen und die Proportionen zwischen dem Turm und den anderen Bauwerken vergleichen. Abbildungen der Turmkonstruktion ansehen, Grundelemente (Bogenebene, vier geschwungene Pfosten, zwei horizontale Ebenen, Turmspitze) erkennen.
   „An welchen Buchstaben erinnert uns der Turm ein wenig?“
   Riesenrad-Fotos ansehen und mit der Größe des Eiffelturmes vergleichen.

2. Nachtbild/Zeichnen: Den Eiffelturm zuerst mit Bleistift auf der Holzplatte (Querformat) skizzieren, dabei die charakteristische Form (geschwungene Seiten, die zu einer Spitze münden, mit zwei horizontalen Ebenen unterteilt und einer Bogenebene im Erdgeschoss) beachten. Der Turm soll möglichst hoch sein. Auf der Turm-Skizze eine kräftige Ölpastell-Schicht mit heller, leuchtender Farbe auftragen. Die zusätzlichen Details wie Konstruktionsstreben (Kreuze) mit Bleistift hinzufügen oder eventuell auskratzen.
   Auf dem Bild eine waagrechte Linie auf ca. 2/3-Höhe mit Bleistift von Rand zu Rand zeichnen (dies ist die Grenze zwischen Himmel und Stadt). Im unteren Teil viele kurze senkrechte Striche mit verschiedenen Farben der Ölpastellkreiden kräftig und möglichst dicht auftragen (dies symbolisiert die beleuchteten Häuser).

3. Nachtbild/Malen: Mit verdünnter, roter Acrylfarbe den unteren Plattenteil (Stadt) übermalen. Kurz warten, bis die Farbe in die Platte eindringt (die Holzmaserung wird durch die Übermalung deutlich). Den obersten Plattenrand (ca. 2–3cm) mit schwarzer Farbe anmalen. Danach mit blauer, verdünnter Farbe den Himmel (auch den schwarzen Streifen) übermalen. Darauf achten, dass der Übergang zwischen Schwarz und Blau fließend wirkt. Sollten die Farben zu blass ausfallen, den Vorgang wiederholen: Rot unten, etwas Schwarz oben, Blau auf der ganzen Fläche.
   Hier passiert etwas Interessantes: Öl-/Wachskreiden sind hydrophob und stoßen Wasser ab – deshalb sieht man trotz Übermalung die Ölkreiden-Zeichnung.
   Mit dickflüssiger, weißer Farbe und einem feinen Pinsel Sterne und Mond auf den Himmel malen. Man kann die Sterne auch als Punkte mit dem Holzende des Pinsels auftupfen.

4. Konstruktion: Einen Trinkbecher (Öffnung unten) auf das Papier legen, mit Bleistift den Umkreis zeichnen und ausschneiden.
   Den Papierkreis zuerst zur Hälfte falten, dann nochmals und noch einmal. Aufklappen: Es sollen 8 Falten (strahlenförmig von der Mitte des Kreises ausgehend) erkennbar sein. Mit dem Bleistift am Kreisrand auf jeder Faltspur und in der Mitte einen deutlichen Punkt aufzeichnen (9 Punkte). Dieser Papierkreis ist nur eine Konstruktionshilfe!

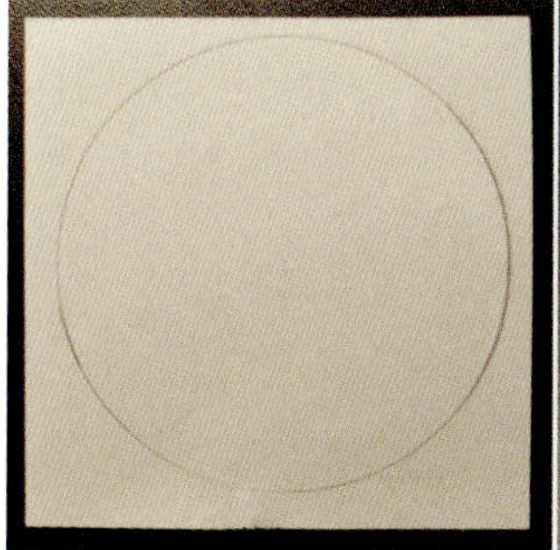

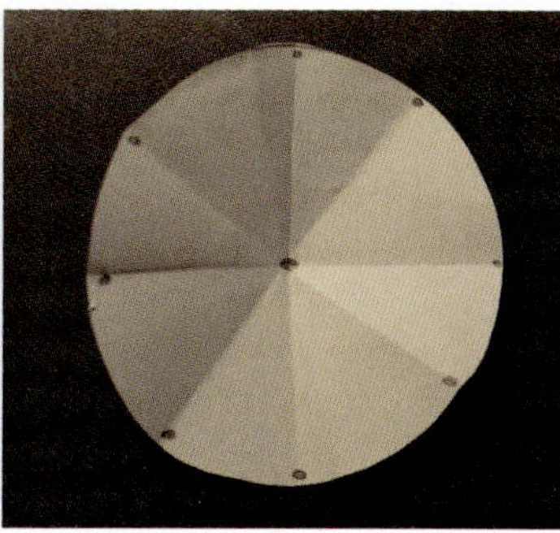

Konstruktionshilfe für den Kreis

5. Unter das Nachtbild eine Unterlage geben (z. B. alte Holzplatte oder viele Zeitungspapierschichten). Den Papierkreis auf das Nachtbild legen und etwas Abstand zum unteren Rand lassen. Den ersten Nagel mit dem Hammer in die Mitte des Papierkreises einschlagen – und zwar so, dass der Nagel gerade und fest in der Holzplatte sitzt. Die weiteren 8 Nägel an den mit Punkten markierten Stellen einschlagen. Anschließend den Papierkreis entfernen (wegreißen).

6. Mit weißer Farbe oder Ölpastellkreide die Stützfüße des Riesenrades aufzeichnen. Das Garn am mittleren Nagel befestigen (mehrmals eng wickeln), zum ersten Umriss-Nagel führen und zurück zur Mitte, zum zweiten Nagel und zurück zur Mitte usw.
   Wenn alle Umriss-Nägel mit der Mitte verbunden sind, zwei bis dreimal den kreisförmigen Umriss mit Garn wickeln. An einem beliebigen Nagel anbinden und das restliche Garn abschneiden.

Tipps

- Je kräftiger die Ölpastell-Schicht ausgeführt wurde, desto deutlicher sind die beleuchteten Häuser erkennbar.
- Ölpastell-Kreiden sind leuchtender und geschmeidiger als Wachsfarben und ermüden die kindliche Hand beim kräftigen Farbauftrag viel weniger!
- Auf die Rückseite des Bildes kann man ein Stück Pappe im „Riesenrad-Bereich“ aufkleben (wegen der Verletzungsgefahr bei eventuell durchgeschlagenen Nagelspitzen).

MUSIKBEGLEITUNG

Edith Piaf: „Sous le Ciel de Paris“;
Musette und Chansons

Paris bei Nacht

Riesenrad in Paris

14 Frankreich/Paris: Monotypie koloriert

Hintergrundinformation

Paris galt insbesondere in der zweiten Hälfte des 19. Jahrhunderts als Künstlerhauptstadt. Viele neue technische Errungenschaften wie die Eisenbahn oder Fotografie erweckten das Interesse der Künstler an Tempo, Geschwindigkeit, Lichtveränderungen und Festhalten des Moments.

In Frankreich wurde der Impressionismus, die Kunst des Augenblicks, geboren und in Paris zum ersten Mal im Rahmen einer Ausstellung präsentiert. Zuerst lehnte man diese ungewöhnliche Eindrucksmalerei ab. Erst Jahre später wurde klar, dass gerade die Impressionisten die Malerei für immer verändert hatten.

Einer der Impressionisten und Meister der Pastellmalerei, Edgar Degas, unterschied sich von seinen Künstlerfreunden, die vor Ort und „alla prima“ (in einem Arbeitsgang) malten: Degas genoss die Vorzüge von Paris, er besuchte in den Vororten Pferderennen und Ballettvorstellungen in der gerade neu gebauten prachtvollen Pariser Oper. Vor Ort skizzierte er aber nur, erst im Atelier komponierte er aus den zahlreichen Skizzen seine eigenen Szenen.

Bewegung faszinierte ihn und wurde das Hauptthema seines Schaffens. Er fotografierte auch und entdeckte, dass sich die bewegenden Objekte nicht immer vollständig im Foto befanden. Manche Teile waren abgeschnitten, dem Betrachter verborgen. Er baute auch seine Bilder wie diese Fotoschnappschüsse auf, die dadurch das Gefühl der Bewegung betonen.

Aus Degas' ungewöhnlichen Blickwinkeln dürfen wir heute z. B. in die Welt des Balletts hineinschauen und Tänzern, Musikern, Lehrern bei ihrer Arbeit zusehen.

Ballett hat eine lange Tradition in Frankreich. Bereits im 17. Jahrhundert tanzte selbst der mächtige König Louis der XIV. vor seinem Hof. Seit seinem Auftritt als „Aufgehende Sonne“ nannte man ihn „Sonnenkönig“. Er gründete eine Ballettakademie, wo Berufstänzer in der Ballettkunst ausgebildet wurden.

In allen klassischen Ballettschulen der Welt werden bis heute französische Begriffe verwendet.

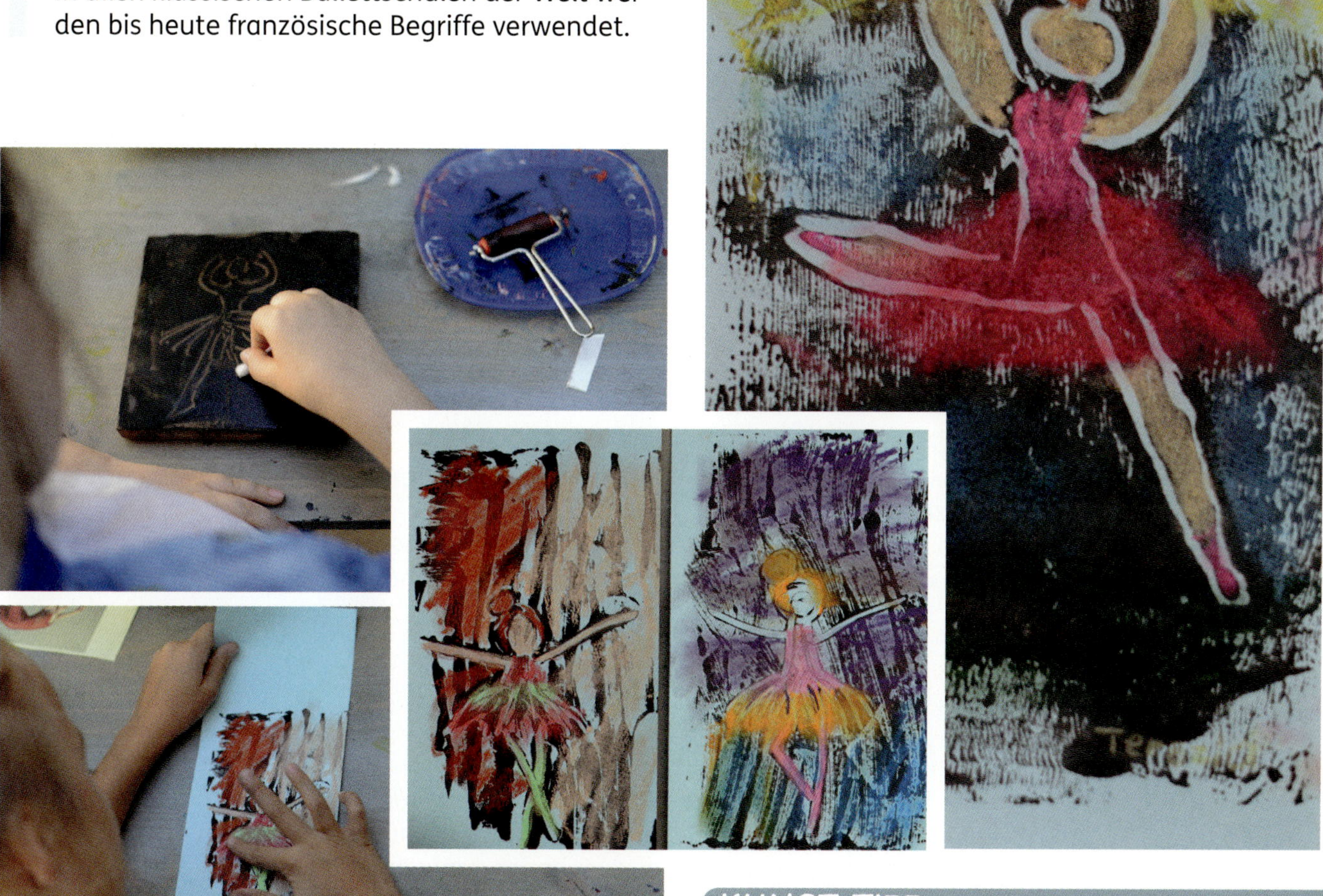

KUNST-TIPP

Edgar Degas: „Tänzerinnen an der Stange“, „Der Stern oder Tänzerin auf der Bühne“, „Tänzerin beim Schnüren der Ballettschuhe“

Projekt „Pastelltanz“: Monotypie koloriert

Bewegung festzuhalten ist vermutlich eine der schwierigsten gestalterischen Aufgaben. Die malende Hand soll hier ungehemmt die Tanzbewegungen wiedergeben. Das gelingt gut, wenn man auf einer glatten Oberfläche malt oder die noch frische Farbe aus der glatten Oberfläche ausschabt. Hauptsache, es geschieht rasch und man wagt zumindest zwei bis drei Versuche. Schließlich haben auch Tänzer (und Maler) viele Proben hinter sich, bevor das zufriedenstellende Ergebnis präsentiert wird!
Es ist eine optimale Skizzentechnik, die den meisten Kindern große Freude macht (weil es rasch, leicht korrigierbar, überraschend ist und die Hand dabei nicht ermüdet).
Die kolorierte Monotypie ist übrigens eine Erfindung von Degas und aus einer Notsituation heraus entstanden. Als die Familie des Malers in finanzielle Schwierigkeiten geriet, musste eine rasche Methode der Bilderherstellung gefunden werden – die Ballettszenen waren damals nämlich sehr gefragt. Degas legte auf seine Fotoabzüge eine Glasplatte, malte und wischte mit schwarzer Farbe die Schattenstellen nach. Danach druckte er das schwarze Bild am Papier ab und kolorierte es mit Pastellkreide. So erhielt er rasch Untermalungen seiner Motive und jedes Bild war trotzdem ein Einzelstück.

ZEITBEDARF

1 Unterrichtsstunde

MATERIAL

- Papier in verschiedenen Farbtönen, Größen und Formaten (mind. A6, max. A4)
- Tonpapier in Schwarz für ein Passepartout (A4)
- alte, glatte Fliese bzw. Acryl-/Glas-/Metallplatte (ca. 20 cm x 20 cm)
- Temperafarbe in Schwarz
- Farbwalze
- Wattestäbchen
- Soft-Pastellkreiden
- Bleistift bzw. heller Buntstift
- Fixativ oder Haarspray
- Schere oder Cutter (nur vom Lehrer zu verwenden)
- Klebeband

Lernziele der Schüler

- Technik der Monotypie kennenlernen
- einige Proben wagen und zufriedenstellende Skizze auswählen
- Tanzbewegung darstellen
- Körperproportionen beachten
- Zufallseffekte der Monotypie (Schlieren, Pfützen, Verletzungen der Papieroberfläche) als gestalterische Elemente (Hintergrund) nutzen
- mit Pastellkreiden kolorieren (verwischen, zeichnen) und stimmige Szene gestalten
- Bild als Ausschnitt formatieren (mit einem Passepartout), um den „Schnappschuss- Effekt“, die Bewegung, zu betonen

Arbeitsablauf

1. *Vorbereitung (optional): Degas' Ballettbilder betrachten, den „Schnappschuss-Effekt“ („abgeschnittene“ Körperteile) entdecken, unterschiedliche Körperhaltungen besprechen: Wie wirken sie sich auf das Bild aus (gerade/statische und diagonale/dynamische Linien)? Unterschiedliche, auch moderne Tänzerabbildungen betrachten, eine Lieblingsfotokopie auswählen und als Inspiration verwenden.*

2. Monotypie: Auf eine Fliese bzw. Glasplatte schwarze Temperafarbe auftragen und mit der Farbwalze rasch verteilen. Mit einem Wattestäbchen eine möglichst große, tanzende Figur in die frische Farbe „zeichnen“ (ausschaben). Falls das Ergebnis nicht zufriedenstellend ist, die Farbe nochmals mit der Walze verteilen und erneut ausschaben.

Dann das Papier auflegen, vorsichtig mit der flachen Hand in Kreisbewegungen andrucken und das Papier abziehen. Den Vorgang noch mindestens zwei Mal wiederholen und den besten Abdruck (Tanzbewegung und Lesbarkeit der Untermalung als Kriterium) zum Kolorieren auswählen. Trocknen lassen.

3. Kolorieren: Zuerst zwei Pastelltöne auswählen (z. B. Hell- und Dunkelblau). Eine zarte Schicht mit der Kreide auftragen und vorsichtig mit dem Finger verwischen. Nochmals, diesmal kräftiger, mit dem gleichen Farbton einige Details hinzufügen, danach den zweiten Farbton anwenden.
   Neue Farbtöne ausprobieren und den Vorgang wiederholen: auf die zarte, etwas verwischte Farbschicht die Details oder Flächen kräftiger auftragen.
   Anschließend bei offenem Fenster z. B. mit Haarspray fixieren (Abstand zur Bildoberfläche ca. 25 cm).

4. Bild-Ausschnitt: Vier Papierstreifen rund um das Motiv legen und so die Größe der Szene ausprobieren (Papierstreifen verschieben, Fenstergröße/Proportionen verändern). Ein Teil des Tänzers soll „abgeschnitten" sein, um den Schnappschuss-Effekt zu erzielen.
   Das so ermittelte innere Fenster ausmessen, auf das schwarze Tonpapier mit Bleistift oder hellem Buntstift übertragen und mit Schere oder Cutter (nur vom Lehrer auszuführen!) ausschneiden. Auf das Pastell-Bild auflegen und von hinten mit Klebeband befestigen.

Tipps

- Die Temperamenge auf der Platte zuerst ausprobieren: Zu viel Farbe führt zu einem unleserlichen Abdruck, zu wenig Farbe trocknet zu schnell aus.
- Eine klassische oder moderne Musikbegleitung unterstützt die tanzende Handbewegung der Schüler.
- Das Haften der Pigmentpartikel am Papier ist nach dem Fixieren zwar besser, man sollte jedoch die Arbeiten unbedingt mit Passepartout versehen und einrahmen. Vorsicht: Nach dem Fixieren wirken die Farben meistens etwas dunkler!
- Anstatt oder zusätzlich zu Wattestäbchen kann man selbst gemachte „Spachtel" aus Getränkekartonstreifen mit abgeschrägtem Ende verwenden.
- Vor dem Kolorieren muss die schwarze Tempera-Untermalung bereits trocken sein, um Verschmutzen der Pastellkreiden und ein Verwischen der Untermalung zu vermeiden. Falls manche Stellen noch nass (glänzend) sind, vorsichtig Zeitungspapier drauflegen, andrucken, danach das Papier abziehen – so wird die überflüssige Farbschicht entfernt und die Trocknung beschleunigt.

MUSIKBEGLEITUNG

Claude Debussy: „Prélude à l'Après-midi d'un faune", Arabesque No.1 and No.2

15 Mexiko: Porträt-Collage

Hintergrundinformation

Mexiko liegt auf dem Kontinent Nordamerika, an der Grenze zu den Vereinigten Staaten. Die Wurzeln des überwiegenden Teils der Bevölkerung Mexikos liegen bei indianischen Ureinwohnern, Spaniern und afrikanischen Sklaven.
Die vielfältige Landschaft Mexikos ist durch Wüsten, Berge, schneebedeckte Vulkane, Canyons, tropische Dschungel und Küsten geprägt. Die Vielzahl an Lebensräumen bedingt eine der üppigsten Pflanzen- und Tierwelten der Erde.
Die wohl bekannteste Künstlerin Mexikos ist Frida Kahlo, die oft in ihre Bilder typische Elemente der Fauna, Flora und des Tausende Jahre alten Kulturerbes mit einbezog. Kahlo war und ist für viele Menschen auch ein Symbol der Frau, die trotz ihrer gesundheitlichen und familiären Probleme Stärke, berufliche Unabhängigkeit und Lebenswillen ausstrahlte. Es interessierten sie Politik und die Veränderungen der Lebensumstände in ihrem Land. Das Werk *„Selbstporträt an der Grenze zwischen Mexiko und Vereinigten Staaten"* stellt die Sorgen der Künstlerin um die Folgen der ungleichen Nachbarschaft dar. Der zerstörerische industrielle Fortschritt wurde der alten, naturverbunden Kultur der indigenen Bevölkerung gegenübergestellt.
In ihren meistens autobiografischen Arbeiten und zahlreichen Selbstporträts thematisierte sie mutig auch viele Themen wie Einsamkeit, Trauer, Schmerz. Selten zuvor sprach jemand auf der Leinwand so persönlich und gleichzeitig für alle Menschen gültig wie Frida Kahlo.

KUNST-TIPP

Frida Kahlo: Selbstporträt an der Grenze zwischen Mexiko und den Vereinigten Staaten

Projekt „Meine Mama als Frida“: Portrait-Collage

Frida Kahlo trug gerne mexikanischen Schmuck und Trachten, farbenfroh schmückte sie ihre Haare mit Blumen und schminkte die Lippen. Aber unter dieser schönen Maske waren sehr viele Schicksalsschläge verborgen…
Als Geschenk, z. B. zum Muttertag, gestalten wir ein schwarz-weißes Mama-Porträt, inspiriert von Frida Kahlo.

ZEITBEDARF

2 Unterrichtsstunden

MATERIAL

- Schwarz-Weiß-Kopie eines Porträts der Mütter der Schüler
- Fotokopie Papierschild (Banderole: „Meine … Mama als Frida“)
- Pappe (DIN-Formate oder Pappflächen mind. 20 cm × 20 cm)
- A5-Papier in Weiß
- Zeitschriften
- Acrylfarben in Grundtönen plus Weiß und Schwarz
- Pinsel diverser Größe
- Bleistift
- schwarzer Filzstift
- Kieselsteine
- Schere
- Klebstoff
- Heißkleber
- Trinkbecher *(für die runde Pappschablone, d = ca. 10 cm)*
- eventuell Maltusche oder Aquarellfarbe in Rot und Schwarz plus Aquarellpapierreste
- eventuell Zierband *(Länge = Umfang des Malgrundes plus 2 cm)*

Lernziele der Schüler

- ein schwarz-weißes Porträt in ein farbenfrohes, plakatives Bild verwandeln
- Gefühle zur porträtierten Person ausdrücken *(„Meine Mama ist schön.“)*
- Technik der Collage kennenlernen
- mit Grundfarben leuchtende Farbmischungen erzielen
- verschiedene Blumensorten aus einer Rundform gestalten
- ein dreidimensionales Porträt aus unterschiedlichen Materialien aufbauen

Arbeitsablauf

1. *Vorbereitung (optional): Frida-Fotos (z. B. von Nickolas Muray) sowie Selbstporträts Kahlos ansehen, vergleichen und besprechen, mit wichtigen Ereignissen aus dem Leben der Künstlerin verbinden.*
   Wie sah ein Fotograf die Künstlerin, wie sah sie sich selbst? Welche Gefühle zeigt die Künstlerin in ihren Selbstporträts?

2. Die Kopie des Mama-Porträts so ausschneiden, dass nur das Gesicht mit Haaren und eventuell Hals zum Weiterbearbeiten bleiben. Falls die Mama auf dem Foto lange Haare hat und man sich das traut, kann man die Haare kürzen bzw. wegschneiden. Der Hals und das Gewand können später dazugemalt werden.
   Das ausgeschnittene Gesicht auf die Pappfläche aufkleben.

3. Kieselsteine in verschiedenen Farben anmalen (Farben mischen) und trocknen lassen. Falls keine Steine vorhanden sind, eine bunte Halskette direkt auf die Pappfläche malen. Ohrschmuck und Schulterbereich mit farbenfrohen Tönen ausarbeiten (Hals, Gewand). Mit einem feinen Pinsel rote Lippen malen.

4. Auf das A5-Papierblatt zwei Kreise mit Bleistift und Schablone oder Becher übertragen und ausschneiden. Zusätzlich aus einer bunten Zeitschrift einen gleich großen Kreis vorbereiten. Diese drei Papiere dienen als Ausgangsform für die Kopfschmuck-Blumen.
   - Mohnblume: mit roter Farbe ein kreisförmiges Blatt bemalen, mit Schwarz die Mitte andeuten. Nach dem Trocknen einmal zur Mitte einschneiden, die eingeschnittenen Seiten überlappend aneinanderkleben *(siehe Foto)*.
   - Fantasieblume (ähnlich z. B. Margeriten/*Leucanthemum*-Form): eine Blume mit radialen Aufteilungen bemalen, die Mitte und einzelne Blüten andeuten. Nach dem Trocknen den Rand umlaufend mehrmals Richtung Mitte vorsichtig einschneiden. Nach innen falten und etwas aufklappen.
   - Rose: auf dem kreisförmigen Zeitschriftenpapier mit Bleistift eine Spirale (von der Mitte beginnend nach außen) aufzeichnen *(siehe Foto)*. Der Abstand zwischen den Spirallinien soll 1 cm nicht unterschreiten. Entlang der gezeichneten Spirale den Kreis einschneiden und dicht einrollen (von der Mitte des Kreises anfangen).

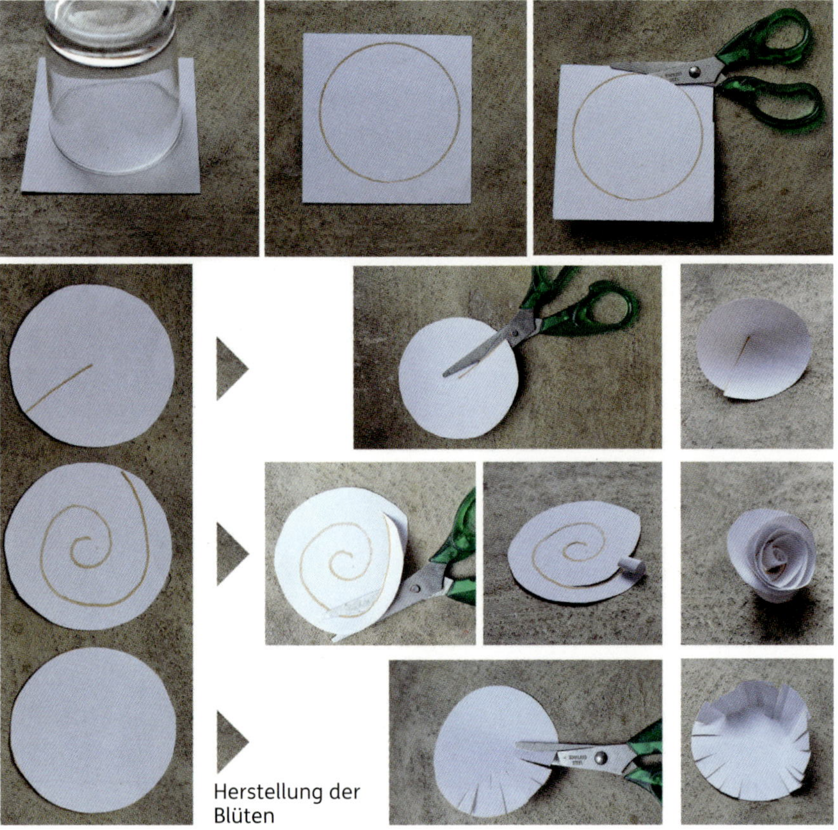

Herstellung der Blüten

   Hier brauchen einige Kinder am Anfang etwas Hilfe. Die eingerollte Rosenknospe/Blüte locker auf den Tisch legen.
   Alle fertigen Blumen am Mamaporträt anordnen und mit Heißkleber befestigen. Die Zwischenräume mit Farben und weiteren Blumen und/oder Blättern ergänzen.

5. Die Halskette (falls mit bemalten Steinen gearbeitet wurde) am Bild ankleben.

6. Das Papierschild ankleben, das Wort „Mama“ mit schwarzem Filzstift eintragen. Eventuell ein farbenfrohes Zierband entlang des Malgrund-Randes als Stoffrahmen ankleben.

Tipps

- Die Mohnblume sieht besonders effektvoll mit Aquarellfarben oder Tusche auf Aquarellpapier gemalt aus. Beim Gestalten der schwarzen Mitte die noch feuchte Papieroberfläche nur ganz kurz mit der Pinselspitze berühren, damit die schwarze Farbe nicht zu sehr auf dem roten Hintergrund expandiert.
- In einem dreidimensionalen Bilderrahmen sieht die Arbeit besonders effektvoll aus. Als Bildträger und Rahmen kann ersatzweise auch die Innenseite eines Schuhkartondeckels dienen.

MUSIKBEGLEITUNG

Mariachi-Musik, Soundtrack aus dem Film „Frida“ (2002, Regie Julie Taymor), Lieder von Chavela Vargas und Lila Downs

Vorlage Banderole:

16 Mexiko: Pflanzenskulptur in Mischtechnik

Hintergrundinformation

In Mexiko findet man Kakteen nicht nur in der freien Natur, manche Sorten (z. B. Agaven oder Opuntien) werden auch angebaut.
Kakteen sind sehr anspruchslose Pflanzen und können das Wasser für lang anhaltende Trockenperioden speichern.
Unter den Tausenden Kakteengewächsen, die in Mexiko beheimatet sind, sind Opuntien eine ganz besondere Sorte. Als Symbol des Landes sind sie auf dem Staatswappen präsent. Die zahlreichen stacheligen Triebe der Opuntien tragen leuchtende Blüten, die sich in ovale, bunte Früchte verwandeln. Aus manchen Arten werden Getränke und Süßspeisen zubereitet. Die grünen Triebe werden als Salat und Gemüse verwendet. Die Blüten nutzt man für dekorative Zwecke.
Übrigens, das berühmte mexikanische Künstler-Paar, Frida Kahlo und Diego Riviera, hatte vor seinem rotblauen Zwillingshaus einen hohen Zaun aus ... Säulenkakteen!

Projekt „Essbare Opuntia“: Pflanzenskulptur in Mischtechnik

In diesem Projekt kann man die praktische Anwendung der Opuntien nachahmen: Hübsche Blüten aus gewickeltem Seidenpapier verbergen im Inneren leckere Soft-Bonbons und die Kaktus-Skulptur aus bemalter Pappe verträgt besonders lange Trockenphasen.

ZEITBEDARF

2 Unterrichtsstunden

MATERIAL

- Pappflächenreste (1-wellig)
- buntes Seidenpapier (ca. 20 cm × 20 cm)
- Tempera- oder Acrylfarben in Grundtönen plus Weiß und Schwarz
- Pinsel diverser Größe
- Filzstifte
- Bleistift
- Zahnstocher
- Soft-Bonbon
- eventuell Firnis
- leerer Joghurtbecher mit bzw. ohne Papierummantelung
- Schere
- Tonpapier- oder Zeitschriftenreste
- Klebstoff
- Heißkleber
- kleine Kieselsteine
- Zeitungspapier

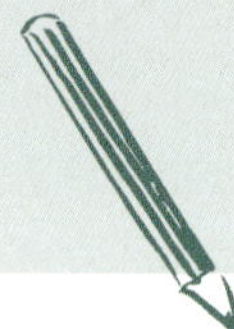

Lernziele der Schüler

- die Eigenschaften von Kakteen (Form, Farbpalette, Oberflächenstruktur) darstellen
- verschiedene Grüntöne in der Natur wahrnehmen und gestalterisch wiedergeben
- Farben aufhellen und trüben
- eine stabile Pflanzenskulptur aus Steckmodulen gestalten
- mit Abfallmaterial arbeiten
- praktische Anwendung der Opuntien nachahmen

Arbeitsablauf

1. Vorbereitung: Die Flora Mexikos anhand von Fotos und Frida Kahlos Bildern ansehen und besprechen. Falls möglich, eine echte Kaktuspflanze zum Beobachten aufstellen. Eigenschaften und spektakuläre Kakteensorten kurz vorstellen. Opuntien (Struktur, Blüten, Früchte) analysieren und deren Funktion für die Küche kennenlernen.

2. Joghurtbecher (Öffnung unten) auf die Pappfläche auflegen, den Umriss mit Bleistift nachzeichnen. Weitere, abgerundete Formen mit Bleistift aufskizzieren und ausschneiden.

3. Unterschiedliche Grüntöne erzielen: Zuerst Blau und Gelb mischen, dann mit zusätzlichen Farben experimentieren. Z. B. in einen Teil etwas Rot, in den zweiten Teil etwas Schwarz, in den dritten Teil Weiß mischen.
   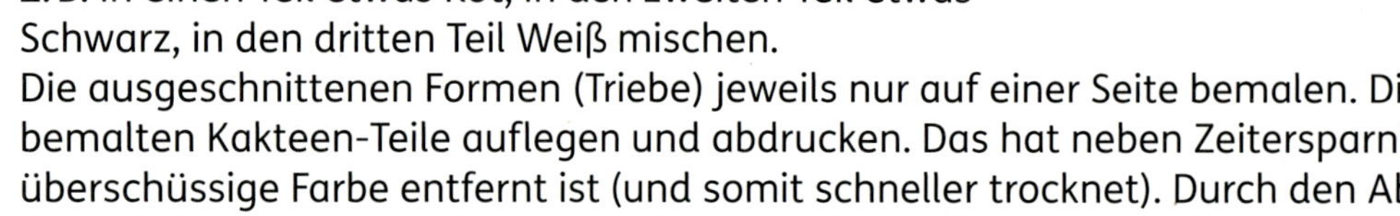
   Die ausgeschnittenen Formen (Triebe) jeweils nur auf einer Seite bemalen. Die zweite Seite auf die frisch bemalten Kakteen-Teile auflegen und abdrucken. Das hat neben Zeitersparnis auch den Vorteil, dass die überschüssige Farbe entfernt ist (und somit schneller trocknet). Durch den Abdruck entstehen schöne Oberflächenstrukturen (in den Vertiefungen der Wellpappe wird die Farbe intensiver).

4. Oberflächengestaltung: Falls die Farbe dick aufgetragen wurde, kann man die Kakteenstacheln mit einem Zahnstocher oder der Spitze des Pinsels ausschaben. Auf die trockene Oberfläche kann man auch kleine weiße Punkte auftragen (z. B. mit einem feinen Pinsel, der Spitze des Pinselgriffs oder mit einem Wattestäbchen). Bei jedem weißen Punkt mit einem Zahnstocher immer von der Mitte des Punktes aus nach außen einige Linien (als Stacheln) ziehen.
   Exakte Details kann man besonders gut mit Filzstift ergänzen – wichtig ist dabei, dass die Untermalung bereits trocken ist.

5. Den Joghurtbecher bemalen oder mit einfachen Formen (z. B. Streifen) aus Tonpapier bekleben. Eventuell eine Kombination aus Bemalen und Bekleben wagen. Den Joghurtbecher bis zur Hälfte mit zerknülltem Zeitungspapier füllen.

6. Den runden „Kaktus-Trieb" zweimal einschneiden und am Joghurtbecher feststecken und mit Heißkleber am Becherrand befestigen (Letzteres erfolgt durch die Lehrkraft). Weitere Kaktusteile einschneiden und an den runden Teil stecken, eventuell mit zusätzlichen Verästelungen ergänzen. Abschließend den Joghurtbecher mit einer Kieselstein-Schicht randvoll füllen.

7. Blüte: Auf Seidenpapier (ca. 20 cm x 20 cm) mittig ein Soft-Bonbon auflegen und mit Papier umwickeln. Am Ende die Papierblüte vorsichtig formen und eventuell mit Farbresten die Blütenmitte schmücken. Eine Zahnstocherspitze ins Bonbon stecken, auf die zweite Spitze etwas Klebstoff auftragen und in einen Wellpappe-Rand eines Kaktusteiles stecken.

Tipps

- Nur 1-wellige Pappe verwenden, sonst tun sich Kinder beim Ausschneiden zu schwer.
- Eine Firnisschicht auf den Kaktusteilen (noch vor dem Zusammenstecken auftragen!) gibt den Farbtönen mehr Intensität und schützt die Oberfläche.
- Joghurtbecher gestalten: Als Inspiration können auch mexikanische Muster aus Papierresten in leuchtenden Farben verwendet werden.
- Zum Beschweren der Konstruktion kann man auch bemalte Steine als Nachahmung der Lebenden Steine *(Lithops)* verwenden.

MUSIKBEGLEITUNG

Mariachi-Musik,
Comedian Harmonists: „Mein kleiner grüner Kaktus"

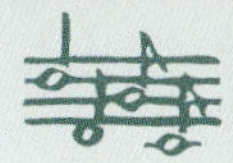

17 USA/New York: Folien-Monotypie

Hintergrundinformation

Die Freiheitsstatue ist das Wahrzeichen von New York – und vermutlich die größte „Reisende“ der Welt! Sie wurde vom französischen Bildhauer Frédéric-Auguste Bartholdi entworfen und war 1886 ein Geschenk des französischen Volkes an die Vereinigten Staaten von Amerika.
Die Statue wurde in Frankreich gebaut, in Teile zerlegt und mit dem Schiff an die Ostküste der USA nach New York geliefert.
Die riesige Statue mit der Fackel in der Hand ist ein Symbol der Freiheit und war der erste Blickfang für alle, die mit dem Schiff nach Amerika kamen. Tausende Einwanderer fanden in Amerika ihr neues Zuhause, viele sind von Armut oder Krieg aus eigenen Ländern geflüchtet.
So ist eine vielfältige Bevölkerung entstanden, in der sich unterschiedliche Kulturen treffen und gegenseitig inspirieren. Es ist also ein nahrhafter Boden für viele Künstler. Und New York ist eine der Kunstmetropolen der Welt.
Der wohl bekannteste und erfolgreichste Künstler, Andy Warhol, dessen Eltern aus Osteuropa nach Amerika kamen, war ein Kunst-Pionier. Als Vertreter der Pop-Art (Kunst für die Massen) vervielfältigte er in Siebdrucktechnik Motive wie Fotos bekannter Persönlichkeiten oder Alltagsgegenstände. „Viele sind besser als eins“ meinte er und somit spiegelt sich in seiner Kunst die moderne Konsum-Gesellschaft. Sein New Yorker Atelier nannte er übrigens – wie sonst? – „Factory“/Fabrik ...

KUNST-TIPP

Andy Warhol: „100 Campbell’s Soup Cans“, Auto-Abbildungen, Marilyn Monroe, Mona Lisa

Projekt „Freiheitsstatue mit Andy Warhol": Folien-Monotypie

„Kunst für die Massen" ist am effizientesten in der Gruppe zu erzielen. Ein einziges Motiv (hier die Freiheitsstatue) wird rasch – wie in der Fabrik – ein bis zweimal von jedem Schüler vervielfältigt und am Ende als Gruppenarbeit präsentiert.
Ob man die eigene Arbeit leicht in der Menge findet? Um diese Frage geht es hier: je anonymer, desto besser.
Um die Fabrik-Stimmung zu betonen, wird das Motiv mit einer Backsteinfassade (z. B. als loftartiges Galerie-Schaufenster) bereichert.

ZEITBEDARF

1 Unterrichtsstunde

MATERIAL

- Schwarz-Weiß-Kopie (DIN A6) der Freiheitsstaue gespiegelt kopiert (Ausschnitt mit Kopf, Hand und Fackel)
- transparente Folie (z. B. alter Umschlag, Overheadfolie), ca. DIN A6 groß
- Fotokopie einer Backstein-Fabrikfassade (zweimal nebeneinander auf A4-Papier quer)
- Filzstifte
- Aquarellstifte
- mittelgroßer und feiner Pinsel
- Schwamm
- Wasser

Lernziele der Schüler

- Technik der Monotypie kennenlernen
- Farbkontraste anwenden
- charakteristische Merkmale und Proportionen der Freiheitsstatue durch mehrfaches Kopieren verinnerlichen
- Vorteile und Nachteile der Vervielfältigung ausloten (Zeit / Menge / Anonymität)
- einen Arbeitsvorgang mehrmals wiederholen (optimale Version erzielen)

Arbeitsablauf

1. *Vorbereitung (optional): Abbildungen von New York (Vogelperspektive, Skyline) und der Freiheitsstatue (Lage in der Stadt, Größe im Vergleich zu Menschen und zu anderen Gebäuden, charakteristische Merkmale) ansehen und besprechen. Diverse Werke Andy Warhols (z. B. Porträts und Autoporträts, Lebensmittel, Autos, Blumen) betrachten und nach Unterschieden in den Sujets suchen. Abbildungen von Andy Warhol und seiner Factory ansehen und die Arbeitsweise (Siebdruck) kurz erklären.*
2. Monotypie: Das Folienstück auf die Kopie der Freiheitsstatue auflegen. Schatten- und Lichtstellen des Gesichtes mit einem hellen und einem dunklen Filzstift übermalen. Weitere Details und den Hintergrund in (eventuell) anderen Farbtönen hinzufügen. Darauf achten, dass sich benachbarte Farbflächen deutlich im Ton unterscheiden (Kontrast).
   Die Filzstiftzeichnung auf der Folie scheint manchmal zu verblassen bzw. zu verschwinden – keine Sorge, die Farbe ist sicher da!
   Die Papierfläche mit der Fassadenfotokopie im Fensterbereich ganz leicht mit einem Schwamm befeuchten. Das Papier soll nicht glänzen.
   Die Folie mit der bemalten Seite auf die befeuchtete Papierfläche auflegen, mit dem Daumen kräftig über alle Stellen andrücken. Folie abziehen. Mag sein, dass der erste Abdruck nicht ganz gelungen ist, also gleich den zweiten Versuch wagen und nochmals mit anderen Farben den Vorgang wiederholen.
3. Kolorieren: Die Backsteinfassade entweder schwarz-weiß belassen oder mit Aquarellstiften kolorieren, anschließend mit Wasser vermalen (unterschiedliche Farbflächen getrennt). Eventuell undeutliche Details der Freiheitsstatue mit Aquarellstiften ausbessern und vorsichtig mit einem feinen Pinsel und Wasser übermalen.
4. Präsentieren: Alle Arbeiten auf der Rückseite mit dem Namen versehen und nebeneinander auf einer Wand präsentieren. Die Schüler sollen versuchen, die eigene Arbeit zu finden.

Tipps

- Damit sich die Folie bei der Filzstiftübermalung nicht verschiebt, die Folie mit der zweiten Hand oder Malerkrepp fixieren.
- Um Zeit zu sparen: Auch ohne Fassaden-Fotokopie wirkt diese Gruppenarbeit beeindruckend.

MUSIKBEGLEITUNG

Frank Sinatra: „New York, New York“, Ella Fitzgerald: „Manhattan“, David Bowie: „Andy Warhol“

18 USA/New York: Modemagazin-Umschlag in Mischtechnik

Hintergrundinformation

Auf der Insel Manhattan begann die Geschichte New Yorks. Das Gebiet wurde ursprünglich von Indianern bewohnt (in ihrer Sprache bedeutet Manhattan „hügeliges Land“). Später besiedelten die Niederländer die Insel und nannten die Siedlung „Neu-Amsterdam“. Nach Eroberung durch die Engländer erhielt die Insel ihren heutigen Namen New York.
Da im 19. Jahrhundert viele Einwanderer nach Amerika kamen und die Stadt rasch wuchs, wurde das noch heute typische, geradlinige, sich leicht zu merkende Straßennetz eingeführt.
Die grüne Mitte Manhattans bildet der Central Park, umrandet von einer markanten Hochhauskulisse. Da Grundstücke sehr teuer waren (und sind), wird in New York in die Höhe gebaut.
Die Architekturgeschichte zeigt, dass schon früher die Gebäudehöhe den eigenen Status „angepasst“ wurde: je mächtiger der Besitzer, desto höher das Haus (oder der Turm). Dementsprechend sind Wolkenkratzer die Visitenkarte vieler Firmen, wie z. B. das Chrysler Building, einem der Wahrzeichen New Yorks. Das elegante, einprägsame Hochhaus konkurrierte schon während der Bauzeit mit einem anderen Gebäude um Höhenmeter. Die Spitze des Chrysler Buildings wurde beim Bau im Inneren des Turmes verborgen, damit die Mitbewerber sie bis zur Fertigstellung nicht bemerkten. Erst bei der Eröffnung im Jahr 1929 wurde die Spitze rausgeschoben und somit das Chrysler Building als das damals höchste Gebäude der Welt gefeiert. Schon zwei Jahre später hat jedoch das Empire State Building mit 381 Metern Höhe die Führung übernommen. Heutzutage werden über 500 Meter hohe Wolkenkratzer überall auf der Welt gebaut.

Projekt „Fashion Street/Wolkenkratzer“: Modemagazin-Umschlag in Mischtechnik

Durch New York spazieren – die Stadt, in der sich Träume erfüllen … in selbst entworfener Mode zwischen bekannten Wolkenkratzern gehen … einmal berühmt werden, auf einem Zeitschriften-Cover landen! Dieser Traum wird für die Kinder in diesem Projekt wahr.
New York ist wie eine lebendige Collage – auch diese Arbeit soll als energiegeladene Mischung aus Techniken und Materialien werden.

ZEITBEDARF

2–3 Unterrichtsstunden

MATERIAL

- Ölpastellkreiden und Wachsmalkreiden (kalte Töne)
- weiße Kerzen (bzw. Reste)
- blaue Tinte
- Tintenlöscher
- Jeans-/Teddy-/Vlies-Stoffreste
- Klebstoff
- schwarzer Filzstift
- Schere
- Zahnstocher

- DIN-A4-Fotokopie einer eigenen Magazin-Überschrift (im ca. oberen Viertel des Blattes)
- eventuell zusätzliche Schriftbalken, Barcode etc.
- Porträtfoto jedes Schülers in Passfoto-Größe
- weißes Papier oder Papierreste (ca. DIN A6)
- mittelgroßer Flachpinsel
- Bleistift
- Malerkreppband

Lernziele der Schüler

- Collagetechnik kennenlernen
- kalte Farbpalette anwenden
- charakteristische Merkmale der Großstadt-Silhouette frei umsetzen
- Kratztechnik/Sgraffito kennenlernen und Wolkenkratzer-Begriff dadurch spielerisch verinnerlichen
- Chrysler Building als New York-Referenz in die Komposition einbinden
- unterschiedliche Reaktionen zwischen Materialien ausprobieren (Öl/Wachs mit Tinte/Wasser, Tintenlöscher mit Tinte)
- Kontraste durch Technik und Materialwahl betonen (z. B. kalte, glatte Fassaden im Kontrast zu einem warmen, fühlbaren Gewand)
- eigenes Gewand entwerfen (Proportionen, Materialwahl, Stil)

Arbeitsablauf

1. *Vorbereitung (optional): Das Satellitenbild und den Stadtplan mit Straßennetz von Manhattan sowie Abbildungen der New Yorker Hochhäuser ansehen. Baumaterialien erkennen, Fassadenteilungen wahrnehmen, etwas ausführlicher das Chrysler Building mit dessen charakteristischer Krone analysieren. Die Skyline (Stadtsilhouette), Gebäude-Proportionen und die Farbpalette untersuchen (spiegelnde Oberflächen).*

2. Kratztechnik: Mit Bleistift drei unterschiedlich hohe und breite Rechtecke auf dem DIN-A4-„Umschlag“ skizzieren und etwas Platz für den Himmel freilassen. Auf einem der Rechtecke zuerst ein dreieckiges Dach mit einer Spitze aufskizzieren – dies soll das Chrysler Building werden. Dann den Dach-Umriss etwas abrunden und Bogenlinien in die Dachstruktur einfügen.
   Die erste Gebäude-Skizze kräftig mit Kerzenresten übermalen, danach die zweite Schichte aus Ölpastellkreide(n) auftragen. Mit einem Zahnstocher oder einer Scherenspitze Bögen und Fenster auskratzen.

Das zweite Rechteck mit einer dunklen Wachskreide übermalen, danach eine helle Ölpastellschicht auftragen und waagrechte und senkrechte Linien auskratzen.
Beim dritten Rechteck umgekehrt vorgehen: Zuerst helle Wachsmalkreide, dann dunkle Ölpastellkreide auftragen und wieder eine neue Textur auskratzen (z. B. Flächen oder breite Streifen).
Nach dem Wegkratzen der oberen Ölkreideschicht wird die untere Farbschicht freigelegt.

3. Tinten-Übermalung: Die ganze Szene mit blauer Tinte übermalen, eventuell mit etwas Wasser (direkt am Papier) verdünnen, um den Farbton aufzuhellen. Durch Wasserzugabe erzielt man oft interessante Effekte, die sich besonders gut für die Himmelgestaltung eignen (an einer Stelle etwas mehr Wasser auftragen oder einen Bereich mit Wasser besprenkeln).
   Auf manchen Wolkenkratzern oder Teilen bleiben die Tintenspuren, grundsätzlich aber perlt diese Wasserfarbe von der fetten Oberfläche ab. Mit dem Tintenlöscher zusätzliche, weiter hinten stehende Hochhäuser mit Fassadenteilung aufzeichnen, am Himmel einige Wolken aufzeichnen und ausmalen.

4. Mode: Aus dem Fotoporträt der Kinder den Hintergrund und eventuelle Kleidung wegschneiden.
   Auf einen Papierrest den Kopf aufkleben, mit Bleistift den Körper ergänzen.

5. Auf der Rückseite der Stoffreste die neue Kleidung mit einem Filzstift aufzeichnen, ausschneiden und auf den Körper legen. Dies auch mit anderen Kleidungsteilen ausprobieren, bis ein zufriedenstellendes Ergebnis erzielt wurde. Dann ankleben.
   Schwer aus dem Stoff auszuschneidende Details wie Schuhe oder Hände eher mit Filzstift aufzeichnen.
   Die ganze Figur ausschneiden und auf die Großstadtszene kleben. Eventuell mit passenden Schriftbalken den Umschlag ergänzen.

Tipps

- Das (Kopier-)Papier für den Umschlag soll etwas stärker sein (ab 120 g/m³). So vermeidet man eine Beschädigung der Papieroberfläche durch die Kratztechnik.
- Der Kratztechnik-Bereich sollte nicht zu groß sein (hier ca. 20 cm × 20 cm), da die detailreiche Ausarbeitung der Hochhaus-Fassaden die kindliche Hand auf zu großen Flächen ermüdet.
- Weiße Kerzenreste schützen die ursprüngliche Farbe des Papiers.
- Die Überschrift bzw. den Schriftbalken kann man auch aus alten Zeitschriften entnehmen.
- Ein Barcode kann ein besonderes Datum, z. B. den Geburtstag oder Workshoptag, verbergen.

MUSIKBEGLEITUNG

George Gershwin: „Rhapsody in blue“,
Alicia Keys: „New York/Empire State of Mind“,
Frank Sinatra: „New York, New York“,
Ella Fitzgerald: „Manhattan“

THE COOLEST LOOKS

FOR WINTER IN NYC

DESIGNED BY OUR CLASS

19 Schweden: Dreidimensionale Illustration

Hintergrundinformation

Eine Besonderheit Schwedens ist sicherlich das Licht. Dieses Land liegt weit im Norden, was Einfluss auf die Tag- und Nachtlänge hat. Während im Sommer die Tage sehr lang sind und es nur für wenige Stunden dunkler wird (sogenannte „weiße Nächte"), ist es in den Wintermonaten umgekehrt: Die Nächte dauern sehr lang. Das ist insbesondere in den nördlichsten Teilen Schwedens zu spüren. Es gibt dort Wintertage, an denen man keine Sonne sieht. Dieses Phänomen ist durch den Einfallswinkel der Sonne bedingt.

Mit diesem Wissen versteht man vermutlich auch den hungrigen, nach der Beute suchenden Fuchs aus dem Buch *„Tomte Tummetott und der Fuchs"*, das die berühmte Kinderbuchautorin Astrid Lindgren schrieb. Astrid Lindgren machte das Mitgefühl für Schwächere zum Hauptthema ihrer Bücher und ihrer Aktivitäten, auch abseits der Schriftstellerei. Sie konnte auf die Welt aus dem Blickwinkel der Kinder schauen und deren Recht auf Spielen, Fantasie oder eine intakte Natur verteidigen.

Projekt „Astrids Weihnachten": „Tomte Tummetott und der Fuchs" - dreidimensionale Illustration

Wie dunkel ist der schwedische Winter ...

Der Fuchs ist hungrig und sucht im Hühnerstall nach Beute, der Hof wird aber von Tomte beschützt, einem guten Wicht. Die in kalten und warmen Farben und Stoffen umgesetzte Geschichte nimmt den Zuschauer tief in diese märchenhafte Szene mit hinein ...

ZEITBEDARF

2 Unterrichtsstunden

MATERIAL

- 3D-Bilderrahmen (alternativ ein Schuhkarton-Deckel mit etwas größerem Passepartout und Kunststofffolie anstelle der Glasscheibe)
- Zeichenpapier (DIN A5)
- Pinsel diverser Größen
- Bleistift
- Temperafarben (Grundfarben plus Weiß und Schwarz)
- Filzwolle („Märchenwolle") in Rot und Weiß
- Softpastell- Kreiden
- schwarzer Filzstift
- kleine Zweige
- Stroh
- Klebstoff plus eventuell Heißkleber
- eventuell Packpapier in Bilderrahmengröße
- Schere

Lernziele der Schüler

- den Kontrast aus kalten und warmen Farben bzw. Materialien als gestalterisches Mittel einsetzen
- Dreidimensionalität/Tiefenwirkung durch Farbtonauswahl und Materialvolumen steigern
- eine Buchszene mit den Elementen Landschaft, Gebäude, Mensch- und Tierfigur illustrieren
- Winterstimmung mit unterschiedlichen Techniken erzielen
- Figuren erkennbar und detailreich ausarbeiten
- mit unterschiedlichen Materialien bestimmte Eigenschaften betonen
- Naturmaterial in die Arbeit mit einbeziehen

Arbeitsablauf

1. *Vorbereitung (optional): Astrid Lindgren und ihre Bücher kennenlernen bzw. anhand von Umschlagbildern erraten. Die Geschichte von „Tomte Tummetott und der Fuchs" gemeinsam lesen, eventuell mit dem deutschen Kurzanimationsfilm von Sandra Schießl (2007) bzw. Filmausschnitten/Abbildungen ergänzen. Die Szene mit dem Fuchs und Tomte vor dem Hühnerstall genauer besprechen, Ideen für die Darstellung aller Elemente der Szene austauschen, die zur Verfügung stehenden Materialien kennenlernen und Charaktereigenschaften zuordnen.*

2. Auf der Malunterlage (Packpapier, Pappe oder MDF-Platte) mit Bleistift die hügelige Landschaft skizzieren. Es sollen mindestens zwei Hügel sein, die versetzt zueinander angeordnet sind (vorne/hinten). Einen Hühnerstall mit Leiter dazu skizzieren, eventuell mit Teilen des Bauernhofes oder des Dorfes ergänzen.

3. Mit blauer Farbe den Himmel ausmalen. Auf den entfernter gelegenen Hügel auch Blau auftragen, allerdings mit etwas Weiß beigemischt. Zwischen Himmel und Hügel soll ein deutlicher Helligkeitsunterschied erkennbar sein.
   Den vorderen Hügel in Weiß (eventuell mit Farbresten von Blau) ausmalen. Darauf achten, dass der Hühnerstall bzw. andere Gebäude unbemalt bleiben.

4. Mit weißer Farbe den Schnee auf dem Stalldach (und den restlichen Dächern) malen.
   Den Zweig mit weißer Farbe und einem breiten Pinsel anstreichen. Mit einem feinen Pinsel oder dem Holzende des Pinsels weiße Schneeflocken auf die Glasfläche bzw. Kunststofffolie punktuell auftragen. Eventuell noch auf die Glasplatte einen sehr niedrigen Hügel/Boden als vorderste Ebene malen.
   Die Glasplatte und einen Zweig zum Trocknen auf die Seite legen.

5. Auf dem Zeichenpapier Tomte und den Fuchs mit Bleistift skizzieren, eventuell mit schwarzem Filzstift (Fineliner) nachzeichnen. Mit Softpastellkreiden in Rot/Rotorange das Gewand (Tomte) und das Fell (Fuchs) ausmalen, eventuell mit Bleistift kleine Details hinzufügen. Die Figuren ausschneiden und die Bart-/Fell-Bereiche mit Märchenwolle bekleben.

6. Die Stallfassade mit Bleistift ausarbeiten (z. B. Holzbretter, Leiter), eventuell mit Softpastellkreiden in Brauntönen ausmalen. Strohstücke als Holzbretter/Dach/Leiter ankleben.

7. Auf die mit Farbe bemalten und getrockneten Landschaftsflächen Softpastellkreide in Weiß- und Blau-Tönen sanft auftragen und etwas verwischen, damit eine weiche, etwas schneeverwehte Bildstimmung entsteht.

8. Den Zweig und die Figuren im Bild platzieren und ankleben. Den 3D-Bilderrahmen so verschließen, dass sich die Schneeflocken auf der Glasinnenseite befinden.
   Bei der Variante mit dem Schuhkartondeckel das Passepartout mit der eingeklebten Kunststofffolie (Schneeflocken innen) mittels Kleber mit dem Schuhkarton verbinden.

Tipps

- Diese Arbeit gelingt besonders gut, wenn die Naturmaterialien nicht vollständig bemalt/beklebt werden, sondern ihre ursprünglichen Farben und Strukturen gut zur Geltung kommen. Das betrifft auch die Malunterlage. Es kann Packpapier bzw. eine Pappfläche im typischen braunen Ton sein. Manche 3D-Bilderrahmen besitzen als Rückseite eine dünne MDF-Platte, auf der man direkt malen kann und dabei einige Bereiche unbemalt als Holzimitation belässt.
- Die Naturmaterialien bereits im Herbst besorgen und mit der Arbeit im Garten bzw. mit einem Spaziergang im Wald verbinden. Als Stroh wurden in diesem Projekt getrocknete Ziergrashalme verwendet, die Zweige können beim gelegentlichen Grünschnitt von Koniferen gesammelt werden.
- Als „Extras“ zum Film „Tomte“ gibt es Aufnahmen der beteiligten Künstler bei der Arbeit. Es ist sehr inspirierend zu sehen, wie liebevoll, geduldig und aufwendig so ein kurzer Film entstanden ist.

MUSIKBEGLEITUNG

Jens Fischer: Filmmusik „*Tomte Tummetott und der Fuchs*“; Sting: „If on a Winter's Night“ (Album)

20 Deutschland: 3D-Stadtbild

Hintergrundinformation

Zahlreiche deutsche Dörfer und Städte sind von der Fachwerkarchitektur geprägt. Fachwerkhäuser bestehen aus einem tragenden Holzskelett, das mit einem lehmverputzten Holzgeflecht oder Mauerwerk gefüllt ist. Viele der noch heute existierenden Fachwerkhäuser wurden im Mittelalter gebaut. Lebensmittelpunkt einer mittelalterlichen Stadt war der Markt, wo Waren zum Kauf angeboten, aber auch Neuigkeiten ausgetauscht wurden.
Ganz besondere Märkte gab es zu Winterbeginn, wo nicht nur die üblichen Vorräte für die kalte Jahreszeit angeboten wurden, sondern auch Holzspielzeug und Süßwaren als Weihnachtsgeschenke für Kinder. Das war der Beginn der Weihnachtsmärkte, die sich aus Deutschland auf viele Länder der Welt verbreiteten.

Ein Weihnachtsmarkt wäre ohne Lebkuchen kaum vorstellbar. Der Lebkuchenbäcker war seit dem Mittelalter ein von üblichen Bäckern getrennter Beruf. Lebkuchen gehören zu den Dauerbackwaren, da sie über längere Zeit haltbar sind. Den besonderen Geschmack verdankt der Lebkuchen Gewürzen wie z. B. Nelken, Zimt oder Kardamom. Es gibt viele Lebkuchenarten, die sich in Zutaten und Form unterscheiden und für bestimmte Regionen typisch sind.

Projekt „Weihnachtsmarkt“: 3D-Stadtbild

Die Farbpalette dieses Projektes erinnert an die leckeren Lebkuchen(-Häuser). Allerdings wird das dreidimensionale Bild nicht gegessen, sondern als Papier-Weihnachtsdekoration bzw. als Spielzeug genutzt. Kleine Figuren passen gut hinein und beleben die Adventsszenerie. Und wenn man mehrere Arbeiten nebeneinander aufstellt und mit Kerzenlicht beleuchtet, entsteht eine ganze Stadt.

ZEITBEDARF

3–4 Unterrichtsstunden

MATERIAL

- Tonpapier (DIN A4) in Braun (mind.120 g/m²)
- Pappfläche (DIN A4)
- Pappreste
- Papier in Weiß
- Temperafarben (Blau, Gelb, Weiß, Schwarz)
- Pinsel dierser Größe
- Weißkreide (bzw. weißer, gut deckender Buntstift)
- Bleistift
- Filzstifte und Buntstifte
- Stroh
- Klebstoff
- Heißkleber (nur vom Lehrer zu benutzen)
- Schere
- eventuell (kindersichere!) Schneidemaschine
- leerer Getränkekarton (1 Liter) mit Verschluss plus Kies bzw. Sand
- Papier-Schablone „Marktstände“

Lernziele der Schüler

- eine dreidimensionale weihnachtliche Stadtkulisse gestalten
- charakteristische Merkmale der Fachwerkhäuser darstellen
- Bildtiefe durch die Himmelsgestaltung steigern
- Details der Gebäude und die Ausstattung der Marktstände sorgfältig und wirklichkeitsnah ausarbeiten
- mit sparsamer Farbpalette arbeiten (Braun, Blau, Weiß)
- Natur- und Abfallmaterial in die Arbeit mit einbeziehen

Arbeitsablauf

1. Vorbereitung: Fachwerkarchitektur Deutschlands anhand von Abbildungen oder im Rahmen eines Ausfluges kennenlernen. Dabei die Konstruktion eines Fachwerkhauses genauer ansehen und das Prinzip besprechen: tragende (Holzskelett) und füllende (Lehm, Ziegel, Stein) Elemente und Materialien erkennen. Dann die Weihnachtsmarkttradition besprechen und eigene Erinnerungen austauschen. Die Besonderheiten von Lebkuchen (Zubereitung, Haltbarkeit, Form, Sorten) kennenlernen.

2. (Well-)Pappe (DIN A4) mit einer Mischung aus schwarzer und blauer Tempera vollflächig bemalen. Bei nicht zu dickem Farbauftrag und etwas mehr Wasserzugabe kommt die interessante Wellpappestruktur zur Geltung (sie schimmert als „Netz“ durch die Farbschicht). Mit dem Holzende eines feinen Pinsels Sterne mit Tempera in Weiß auf die obere Hälfte des Himmels auftupfen.

Beispiel eines Fachwerkhauses

3. Vom braunen DIN-A4-Tonpapier ein Stück (10 cm x 21 cm) für die Marktstände abschneiden und auf die Seite legen.
   Auf dem zweiten Papierteil (ca. 20 cm x 21 cm) Fachwerkhäuser gestalten: Mit dem Bleistift das Papierstück in drei Bereiche/Häuser teilen. Achten Sie darauf, dass die Zeichenunterlage auf jeden Fall 21 cm Breite hat! Diese Breite entspricht dem Himmelshintergrund auf Pappe.
   Die Umrisse der drei Häuser (Dachform, Turm, Tor) aufskizzieren. Weißes Papier bzw. Papierreste mit der Schneidemaschine in zahlreiche Streifen mit ca. 5 mm Breite zuschneiden. Dies werden die Holzbalken der Fachwerkhäuser.
   Eine Konstruktion aus Papierstreifen (waagrechte, senkrechte, schräge, gekreuzte Anordnung) auf die Häuser ankleben. Mit Weißkreide Details wie Fenster, Türen, Dachziegel und Mauerwerk ergänzen.
   Auf den weißen Papierresten zusätzliche Details (z. B. Uhr) mit Bleistift aufzeichnen, ausschneiden und an den Fassaden ankleben. Mit weißer, verdünnten Tempera eventuell die Fassadenfarbe aufhellen bzw. eine Steinstruktur andeuten. Die Stadtkulisse ausschneiden.

4. Den Umriss der Marktstände mit Bleistift von der Schablone auf den 10 cm x 21cm braunen Streifen übertragen und ausschneiden, dabei die Papierreste behalten.
   Die seitlichen Weihnachtsbaumhälften mit Dunkelgrün bemalen (Mischung: Gelb plus Blau plus etwas Schwarz).
   Eventuell das Papier mit weißer Tempera mit dem Flachpinsel anspritzen – so wirkt es, als habe es geschneit.
   Die Marktstände mit Klebstoff benetzen und mit Strohstücken als Holzimitation bekleben.
   Auf weißen und braunen Papierresten mit Bleistift einige kleine Marktprodukte skizzieren und mit Filzstiften bzw. Buntstiften ausmalen. Die schönsten Motive auswählen, ausschneiden und an den beiden Marktständen ankleben.

5. Befestigen der Bildschichten: Aus Pappresten „Distanzpolster“ (ca. 2–5 cm groß) schneiden und immer die gleiche Anzahl der Schichten zusammenkleben. Auf die Rückseite der Stadtkulisse mindestens 5 Papp-Polster ankleben, danach am Himmelshintergrund mit Klebstoff befestigen (auf eine gleiche Unterkante achten). Genauso an der Rückseite der Marktstände schmale Papp-Polster aufbringen und an die Stadtkulisse ankleben.
   Einen leeren Getränkekarton mit etwas Kies bzw. Sand befüllen, verschließen und an die Rückseite des Himmelshintergrundes als Bildständer ankleben. Heißkleber ist bei diesem Arbeitsschritt besonders empfehlenswert, allerdings muss das Kleben die Lehrkraft übernehmen.

Tipps

- Unterschiedliche Pappoberflächen bereichern das Fassadenbild. Es lohnt sich also, diverse Verpackungen in unterschiedlichen Brauntönen zu sammeln. Man kann auch die obere Papierschicht von der Wellpappe vorsichtig abreißen, um die gestreifte Struktur zu bekommen.
- Eine kindersichere Schneidemaschine kann spielerisch als „Sägerwerk“ dienen – die Kinder schneiden gern allein und liefern das benötigte Material auf ihre „Baustellen“.
- Eine gemeinsame Stadtkulisse aus allen Arbeiten ist eine stimmungsvolle Dekoration bei diversen Veranstaltungen.

MUSIKBEGLEITUNG

Adventslieder

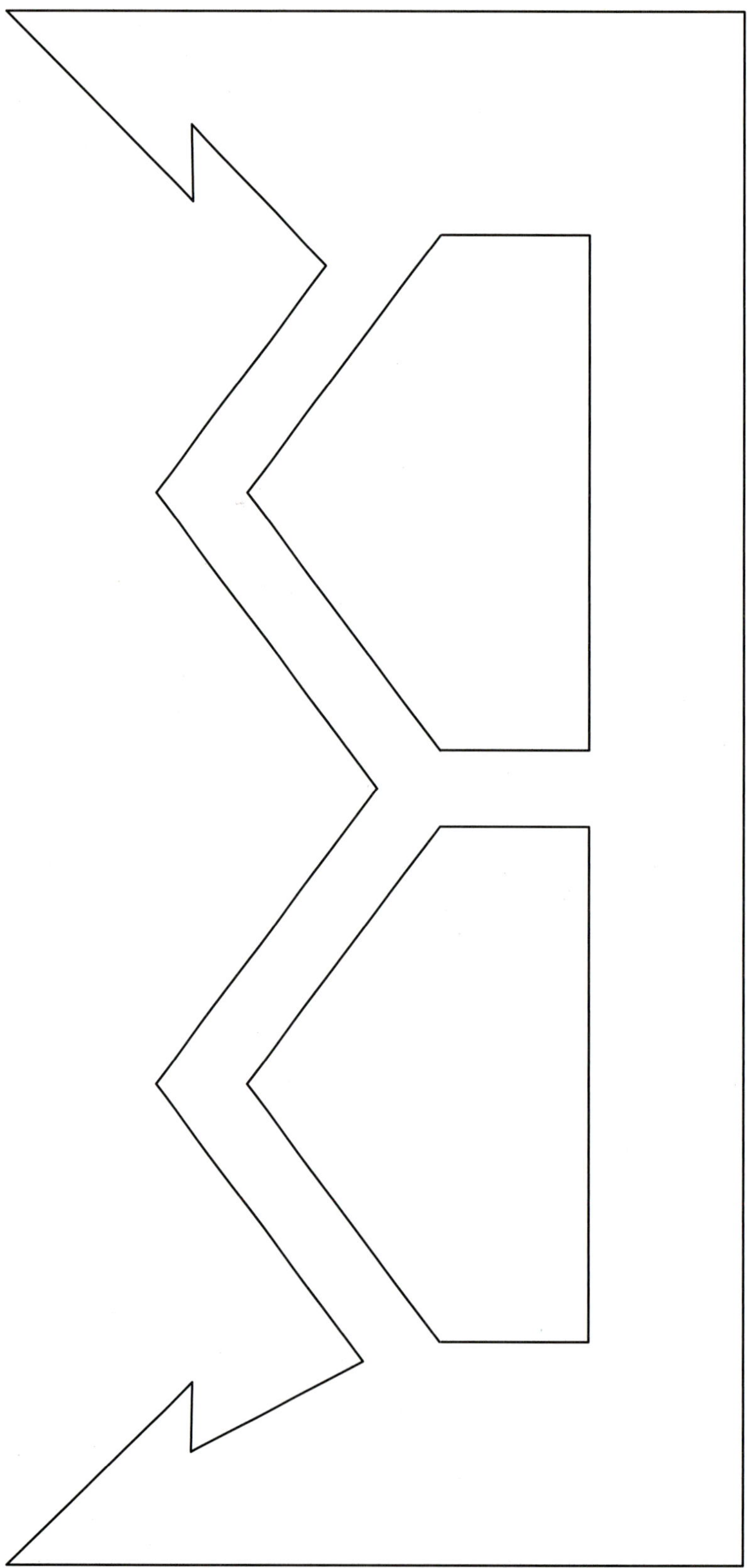

21 Deutschland: Weihnachtsbaum als Sgraffito/Mischtechnik

Hintergrundinformation

Viele auf der ganzen Welt gepflegte Weihnachstraditionen wie Weihnachtsmärkte oder Weihnachtsbäume stammen aus Deutschland.
Die ersten Weihnachtsbäume wurden bereits im Mittelalter von Zünften (z. B. Bäcker) aufgestellt und mit Naschereien für Kinder behängt.
Einen geschmückten, mit Kerzenlicht beleuchteten Tannenbaum konnten sich einst nur wohlhabende Familien leisten. Tannen waren seltene Bäume und erst ihre Zucht und die Erfindung von Stearinkerzen anstelle der Bienenwachskerzen im 19. Jahrhundert ermöglichten es auch weniger wohlhabenden Familien, einen eigenen Weihnachtsbaum zu haben.
Die meisten Weihnachtsbäume werden heutzutage mit elektrischem Licht beleuchtet, allerdings ist dies meist kein Vergleich zu dem besonders stimmungsvollen Kerzenlicht.
Dieser Unterschied wird anhand der Bilder von Georges de la Tours, einem französischen Malers der Barockzeit, gut nachvollziehbar. Die meisten seiner Werke stellen nächtliche Szenen dar und Personen und Räume werden lediglich von Kerzenlicht erhellt. Im Bild *„Josef als Zimmermann“ (ca. 1640)* betont das Licht das Wesentlichste dieser Szene: die innige stille Beziehung zwischen Josef und Jesus, zwischen Vater und Kind.

KUNST-TIPP

Georges de la Tours: „Josef als Zimmermann“

Projekt „Weihnachtsbaum“: Sgraffito/Mischtechnik

Wie die facettenreiche Geschichte des Weihnachtsbaumes hat auch dieses Projekt viele Ebenen und Nuancen. Auf dem in mehreren Techniken und Schichten geschmückten Baum leuchten Farben und Kerzen. So ist die fröhliche weihnachtliche Botschaft ganz klar: Das Licht vertreibt die Dunkelheit!

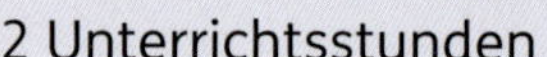

ZEITBEDARF

2 Unterrichtsstunden

MATERIAL

- Zeichenpapier in DIN A4 (mind.120 g/m²)
- Wachskreiden
- weiße Kerzen(-reste)
- Softpastellkreiden
- Temperafarben (Grundfarben plus Weiß, Schwarz, Gold)
- eventuell schwarze Maltusche
- Pinsel diverser Größe
- Stroh
- Klebstoff
- Zahnstocher
- Schere
- Zeitungspapier

Lernziele der Schüler

- einen geschmückten Weihnachtsbaum mit Nadelbaumstruktur (Form, Proportion, Zweige, Nadeln) darstellen
- diverse Grüntöne aus Grundfarben mischen, aufhellen und trüben
- die Sgraffitotechnik kennenlernen
- die leuchtende Wirkung des Komplementärfarbenpaares Grün und Rot anwenden
- geschwungene, lesbare Linien aus kleinen Elementen aufbauen (Kette)
- Licht (Kerzen) und Lichtreflexe (Schmuck) in Verbindung mit dunklem Hintergrund wiedergeben
- die Wirkung der Hintergrundfarbe erfahren (Weiß/Schwarz)
- Schmuck aus Naturmaterial einbeziehen

Arbeitsablauf

1. *Vorbereitung (optional): die Weihnachtsbaumtradition und ihre Geschichte kennenlernen. Unterschiedliche immergrüne Pflanzen (z. B. Mistel, Koniferen, Nadelbäume) erkennen und diverse Grüntöne in der Natur wahrnehmen. Den Tannenbaum genauer ansehen, einen Zweig berühren und daran riechen. Dazu passende Weihnachtlieder gemeinsam singen. Bilder von Georges de la Tour ansehen.*

2. Auf dem Zeichenpapier mit einer Wachskreide ein großes Dreieck so zeichnen, dass zum oberen Rand etwas Platz für den Stern frei bleibt. Mit diversen Farben der Wachskreiden das Dreieck rasch und beliebig ausmalen (bunte Untermalung), dabei auch kleinere Flächen unbemalt belassen. Anschließend eine Schicht mit einer weißen Kerze gründlich auf das Dreieck auftragen (mit der Kerze „zeichnen“). Das ganze Dreieck soll dabei bedeckt sein (das Papier gegen das Licht halten und prüfen, ob die Oberfläche glänzt).

3. Mit einem Rundpinsel mittlerer Größe etwas gelbe und blaue Tempera am Wachs-Dreieck auftragen und mischen. Dem Grünton etwas Weiß, eventuell Schwarz beimischen, erneut Gelb und Blau in anderen Mengen auftragen und aufhellen bzw. trüben (das Dreieck kann unterschiedlich grüne Bereiche haben). Anschließend mit dem Pinsel im leichten Bogen die überflüssige Farbe vom bemalten Dreieck (vom Wipfel beginnend) nach außen „rauskehren“. Die Pinselspur imitiert dabei Tannenäste mit etwas zerfransten, natürlich wirkenden Spitzen.

4. Mittels Zahnstocher zahlreiche Nadelzweige auskratzen. Dabei die Zahnstocherspitze immer wieder säubern (z. B. mit Zeitungspapier).
   Die untenliegende Wachsschicht wird so freigelegt – je sorgfältiger die Kerzenschicht aufgetragen wurde, desto besser funktioniert das Sgraffito und desto leuchtender wirken die Wachsfarben.
   Darauf achten, dass die Tannennadeln etwas schräg zum Zweig platziert sind (viele Kinder stellen nämlich die Nadeln senkrecht zum Zweig dar).

5. Mit dem Holzende eines feinen Pinsels und im oberen Teil des Baumes beginnend Punkte aus Tempera in Gold so auftragen, dass sie eine dichte, geschwungene, nach unten verlaufende Kette ergeben. Den Pinsel dabei senkrecht zur Bildoberfläche führen.
   Mit einem Pinsel und der restlichen Goldfarbe an der Baumspitze einen Stern malen, die Zacken mit einem Zahnstocher schärfer ausformen (Farbe präziser verteilen). Den feinen Pinsel säubern und dann mit roter Farbe Weihnachtskugeln und Äpfel am Baum verteilt malen. Auf jede rote Kugel etwas Weiß als Lichtreflex auftragen. Eventuell aus roten und grünen Farbresten einen Braunton mischen und Lebkuchen malen, die man mit der Zahnstocherspitze und weißer Tempera verzieren kann.

6. Strohsterne: Getrocknete Strohhalme in ca. 1 cm lange Stücke schneiden und sternförmig auf einen Klebstoffpunkt am Baum andrücken. Zumindest drei Sterne gestalten (geringere Anzahl konkurriert kompositorisch mit dem Stern an der Baumspitze). Darauf achten, dass der ausgewählte Klebstoff nach dem Austrocknen transparent ist.

7. Den Hintergrund um den Baum herum vorsichtig mit schwarzer Maltusche ausmalen – dabei am besten entlang des Baumumrisses beginnen. Man kann direkt an den Baum mit schwarzer Farbe anschließen oder etwas Abstand (als Schnee/Licht) belassen.

8. Nach dem Trocknen mit Softpastellkreiden Kerzen mit Flamme malen und den kreisförmigen Kerzenschein vorsichtig ein wenig mit dem Finger verwischen. Am Baum eventuell mit Softpastellkreiden einen Hauch von Blau/Grün auftragen und ebenfalls leicht verwischen.

Tipps

- Da die Temperaschicht grün ist, sollte für die Untermalung keine grüne Wachskreide verwendet werden. So wird beim Sgraffito die Nadelzweige-Zeichnung deutlicher.
- Malfertige Tempera bzw. andere dickflüssige Farben sind für diese Technik gut geeignet. Verdünnte Farbe würde von der Wachsschicht abperlen.
- Der Farbauftrag soll zwar die Wachschicht decken, aber gleichzeitig nicht zu dick sein, da sich ansonsten die Trocknung und weitere Arbeitsschritte verzögern.
- Als Stroh für die Sterne verwendeten wir getrocknete Ziergrashalme.
- Anstelle schwarzer Maltusche kann man für den Hintergrund auch schwarze, verdünnte Tempera bzw. Aquarellfarbe verwenden. Alternativ kann auch der Baum ausgeschnitten und auf schwarzes Tonpapier geklebt werden. Sie sollten jedoch nicht direkt auf schwarzem Papier arbeiten, denn das Sgraffito auf schwarzem Tonpapier ergibt nicht so leuchtende Farbeffekte wie auf einem weißen Malgrund.
- Die Arbeitsstufe vor dem Ausmalen des schwarzen Hintergrundes fotografieren – somit kann man Tag-/Nacht-Versionen des Baumes vergleichen und als Sujets für Weihnachtskarten verwenden.

MUSIKBEGLEITUNG

Weihnachtslieder wie „O Tannenbaum“ und „Am Weihnachtsbaum die Lichter brennen“

22 Ausstellen der Kinderkunst

Gerade auch Kinderkunst lebt vom Dialog mit dem Publikum. Kinder sind stolz auf ihre kreative Leistung und genießen das Ausstellen ihrer Werke als besondere Anerkennung ihrer Arbeit. Die Ausstellung erinnert an die Entstehung sowie vermittelte Inhalte. Und die jungen Künstler veranstalten oft selbst und aus eigener Initiative Führungen für „ihre" persönlichen Ausstellungsgäste.

Auswahl

Für den Lehrer ist ohne Zweifel die Werkauswahl am schwierigsten. Soll man eher die (subjektiv) besten Arbeiten oder besser alle Werke präsentieren, um alle Kinder gleich zu behandeln?
Alle Werke zu zeigen schwächt oft den Fokus auf die gelungenen Beispiele und bei den weniger gelungenen Beiträgen wird eventuell die Botschaft „egal was/wie ich es mache, es wird sowieso gezeigt" vermittelt.
Räumliche Einschränkungen, die Ausstellungsdauer und der Zeitbedarf beim Aufbau/Abbau einer Präsentation sind weitere wichtige Aspekte bei dieser Entscheidung. Ich persönlich stelle immer eine Mischung aus Gruppenarbeiten (wie z. B. Amsterdam/Grachtenhäuser oder NYC/Freiheitsstatue) und die meiner Meinung nach besten Werke zum jeweiligen Thema aus.

Kinderkunst für zu Hause

Was passiert mit einem Kinder(Kunst)werk, wenn es zu Hause ist? Oft landet es in einer Sammelschachtel und wird dort für eine unbestimmte Zeit aufbewahrt. Selten macht man sich Mühe, die Arbeiten zu rahmen oder in die saisonale Dekoration zu integrieren. Wichtig wäre es, den Schülern die Arbeiten nicht erst am Halbjahres- oder Schuljahresende in einer dicken Mappe zu übergeben, sondern möglichst einzeln und zeitnah nach dem Entstehen bzw. der Ausstellung.
Nicht alle Familien sind kunstaffin, nicht alle Kinder können sich mit ihrem Gestaltungsstil für eine entsprechende Präsentation zu Hause durchsetzen. Aber: Ein Hinweis (z. B. aufgeklebt auf der Werk-Rückseite oder im Mitteilungsheft), wie die Arbeit zu präsentieren oder zu nutzen ist, hilft den Eltern und betont bzw. erklärt den Wert des Projektes. Man kann die Familien auch z. B. durch Fotowettbewerbe zum „Leben mit der Kinderkunst" motivieren: „Wie sah das leckerste englische Frühstück auf dem eigenen London-Teller aus?", „Wie sieht deine Kunstwand zu Hause aus?"

Kinderkunst in Kooperationen

Die Schule oder das Zuhause müssen nicht die einzigen Präsentationsräumlichkeiten für Kinderarbeiten sein.

Kooperationen z. B. mit Büchereien (Lesungen) oder Musikschulen (Konzerte, Klassenabende) lassen die Werke weiterleben, diverse Inhalte betonen und erweitern. Es ist auch sehr spannend, einem breiteren Publikum das eigene Werk zu zeigen und mutig zu erproben, wie „fremde" Menschen die eigene Arbeit in einem weniger vertrauten Umfeld empfinden.

Weiterentwickeln und weiterverwenden

Nicht alle Werke eines Kindes (aber auch jedes erwachsenen Künstlers!) können als besonders gut gelungen bezeichnet werden. Im Laufe des Schuljahres sammeln sich auch große Mengen an Arbeiten an, die man eher nur als „Proben" einstufen kann. Es ist einen Versuch wert, diesen Arbeiten eine zweite Chance zu geben und sie für diverse Collagen einzusetzen. Inspirierend ist hier die Illustrationskunst von Eric Carle. Bereits gestaltete (geschnittene, gestanzte) Papier-Oberflächen können beispielsweise für Grußkarten, Weihnachtsschmuck oder zum Verzieren des individuellen Packpapiers verwendet werden. Es ist eine umweltfreundliche, Zeit und Geld sparende Lösung, die auch etwas Distanz zu eigenen Erzeugnissen lehrt und zum Weiterentwickeln ermutigt.

„Bilder einer Ausstellung"

In meinem Kinderatelier wird zu jeder Jahresausstellung ein Katalog gedruckt. Das ist im Schulbetrieb kaum realisierbar, aber zumindest ein paar Fotos, z. B. in einem Leporello gesammelt, werten die Kunst der Kinder auf und bleiben für viele Jahre eine schöne und würdige Erinnerung – eine Erinnerung aus der vermutlich für viele Menschen kreativsten Lebensphase!

23 Fotonachweise

Seite 9, 11	Beethovendenkmal Bonn: © majonit via Fotolia.de
Seite 13	Berg Niesen: © Schlierner via Fotolia.de
Seite 13	Pyramide: © Aliaksei via Fotolia.de
Seite 17	Hieroglyphen: © fbirr via Fotolia.de
Seite 41	Telefonzelle London: © conorcrowe via Fotolia.de
Seite 42	Big Ben London: © Iakov Kalinin via Fotolia.de
Seite 42	Tower Bridge London: © ryanking999 via Fotolia.de
Seite 46	Paris bei Nacht: © bourbon numerik via Fotolia.de
Seite 46	Riesenrad Paris: © macumazahn via Fotolia.de
Seite 54	Blühender Kaktus: © haiderose via Fotolia.de
Seite 58	Freiheitsstatue: © vichie81 via Fotolia.de
Seite 59	Häuserfront: © BlackMac via Fotolia.de
Seite 68	Fachwerkhaus: © fotografici via Fotolia.de

Alle weiteren Fotos hat die Autorin Ela Madreiter erstellt.